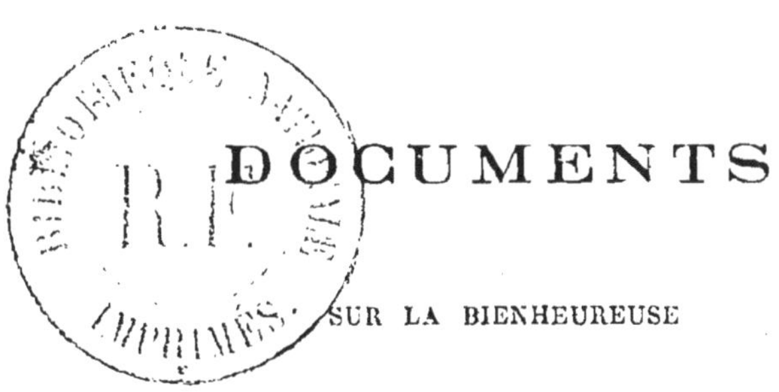

DOCUMENTS

SUR LA BIENHEUREUSE

MARGUERITE DE LA SÉAUVE

LE PUY, TYP. ET LITH. MARCHESSOU.

DOCUMENTS

POUR SERVIR A LA BIOGRAPHIE

DE LA BIENHEUREUSE

MARGUERITE DE LA SÉAUVE

Je ne suis pas de ceux dont le nom est fait pour l'avenir, et je n'ignore pas ce qui est réservé à mon obscure faiblesse.

(Poujoulat, *Vie de saint Augustin*, 2e éd., Préface.)

SE VEND AU PROFIT D'UNE BONNE ŒUVRE

THEILLIÈRE, curé de Retournaguet.

LE PUY

TYPOGRAPHIE ET LITHOGRAPHIE M.-P. MARCHESSOU

Boulevard Saint-Laurent, 23.

1871

PERMIS D'IMPRIMER

† PIERRE, Evêque du Puy.

AVANT-PROPOS

Marguerite de la Séauve n'a été, jusqu'à nos jours, qu'un être pour ainsi dire légendaire. De temps immémorial, les populations se portent, en foule, soit vers sa tombe, soit vers les lieux plus spécialement consacrés à son culte, mais je crois qu'elles n'ont point su jusqu'ici ce qu'a été sa vie, d'où elle vint dans notre Velay, et par quelles vertus elle a mérité la vénération publique. Il me semble que désormais on sera édifié sur bien des questions qui la concernent. Grâces aux documents qu'il m'a été donné de découvrir, un grand nombre de points qui ont rapport à sa vie sont acquis à l'histoire. Espérons que les obscurités qui existent encore disparaîtront enfin et qu'il nous sera permis de voir cet enfant de Cîteaux dans tout son jour et dans toute sa splendeur.

Ce que je publie n'est pas une œuvre de littérature. Ce sont de simples documents qui ne me supposent d'autre mérite que celui d'avoir eu la patience de les chercher et la chance de les découvrir. J'avoue ingénument que je les regarde comme très-précieux. D'autres pensent ainsi que moi. On ne lira pas sans intérêt les appréciations qui en ont été faites par des hommes justement estimés et auxquels j'ai pris la liberté de les soumettre.

MON CHER MONSIEUR,

J'ai lu avec beaucoup d'intérêt les documents que vous avez recueillis pour établir l'antiquité du culte de la Bienheureuse Marguerite de la Séauve. Je ne doute pas que ces documents ne soient de nature à faire impression sur l'esprit des consulteurs de la Congréga-

tion des Rites. Je désire que nous soyons autorisés à honorer d'un culte public cette Sainte qui a été honorée et invoquée par nos pères.

Je suis tout à vous en N.-S.

THORE, directeur.

BIEN CHER CURÉ ET VIEIL AMI,

Par rapport à vos recherches relatives au culte de sainte Marguerite de la Séauve, mon avis est qu'il ne manque rien aux documents que vous avez recueillis, pour que la demande en autorisation de faire son office dans le diocèse du Puy ne puisse souffrir de difficulté à Rome, si elle est présentée. Son culte, d'après les monuments qui l'appuient, a toute l'antiquité requise par les Bulles d'Urbain VIII, qui sont encore la règle suivie par la Congrégation des Rites dans l'examen des offices propres de chaque diocèse.

En lisant votre travail, j'ai conçu une dévotion plus grande en même temps qu'elle était plus éclairée pour votre jeune et admirable Sainte. Toute la contrée, qui n'a cessé de l'honorer, vous saura gré d'avoir, par un travail laborieux et patient, mis en relief l'antiquité et la légitimité des honneurs et du culte traditionnel envers sainte Marguerite, dont elle a hérité des siècles passés.

Je vous félicite du projet que vous avez de publier un travail donnant le résultat de vos recherches, etc., etc.

Agréez, cher ami, l'assurance de mes sentiments affectueux et bien cordialement dévoués.

DURIEU, directeur.

MON BIEN CHER CURÉ,

Vous avez eu la bonté de me communiquer les documents que vous avez recueillis sur sainte Marguerite de la Séauve. J'ai lu, avec plaisir, les recherches si consciencieuses et si complètes, et surtout la légende si intéressante que vous avez l'intention de soumettre à la Con-

grégation des Rites. Je vous engage beaucoup à mettre la dernière main à votre pieuse entreprise, et à faire tout ce qui dépendra de vous pour obtenir que la Bienheureuse Marguerite soit honorée d'un culte public, etc.

Agréez, mon bien cher Curé, mes sentiments affectueux et dévoués.

CHEUCLE, curé d'Yssingeaux,
Chanoine honoraire.

Je pourrais multiplier les citations. Je m'en abstiens, parce que celles qui précèdent doivent suffire, non pour donner une haute idée de mon travail, mais au moins pour faire voir que les documents que je publie ne sont pas sans quelque valeur.

La coordonation que j'en ai faite est tout-à-fait *élémentaire. Je ne doute pas qu'une plume plus habile que la mienne ne vienne après moi et ne tire de mon opuscule une biographie qui fera l'admiration des historiographes tout aussi bien que celle des littérateurs.*

J'ai cru devoir diviser en trois chapitres les questions que je traite.

Dans le premier, j'examine ce qu'on doit penser d'une vie manuscrite de notre héroïne, sans nom d'auteur, et de diverses notes recueillies par un savant ecclésiastique du diocèse, qui songeait à publier la vie de cette Sainte. Dans ce même chapitre, je cite ce qu'en disent Godescard et les Bollandistes, et j'apprécie leur manière de voir.

Dans le second sont traités plusieurs points concernant Marguerite, et cela d'après les auteurs dont je rapporte le texte intégralement.

Le troisième est consacré aux monuments qui attestent la dévotion des populations du Velay envers notre illustre Cistercienne.

Vient ensuite un appendice où je rends compte des démarches qui ont été faites auprès de la Sacrée Congrégation des Rites en 1851 et en 1870, à l'effet d'obtenir l'autorisation de rendre à Marguerite un culte public dans le diocèse du Puy.

Suivent enfin des annexes. Ce sont des notes qui n'ont pas paru étrangères à mon sujet et que je n'ai pas cru devoir présenter d'une autre manière.

Je ne donne le titre de Sainte à Marguerite qu'en tant que cela m'est permis par les Constitutions apostoliques et par les règles qui régissent ces matières. Je fais cette déclaration pour me conformer à ce qui est requis en pareil cas.

CHAPITRE PREMIER

§ 1er. Vie manuscrite, sans nom d'auteur.

Cette vie manuscrite est assez peu connue des habitants de nos montagnes. Il y a quelques années il n'en existait qu'un nombre de copies très-restreint. D'après Godescard, il s'en trouvait un exemplaire dans la bibliothèque des jésuites, à Paris. Le Père Chifflet, de la Compagnie de Jésus, l'avait annoté, on ne sait trop sous quel rapport.

Il serait difficile de faire l'histoire de cet écrit. J'en laisse le soin à de plus habiles que moi. Quoi qu'il en soit, voici en substance ce qu'il contient :

Marguerite avait eu pour père un prince romain et pour mère, une princesse hongroise, habitant une ville de Hongrie. Paule, ayant perdu son mari, se décida à aller visiter les lieux saints et emmena avec elle Marguerite, sa fille. Après un séjour de quelques années, d'abord à Jérusalem et ensuite à

Bethléem, elle mourut et fut enterrée dans cette dernière localité. Marguerite, laissée seule par la mort de sa mère, se retira dans un désert où elle demeura pendant sept ans et d'où elle revint enfin dans le monastère qu'elle habitait avant son départ. Une violente persécution ne tarda pas de s'élever contre cette maison de paix. Le schérif en expulsa les religieuses et les fit mettre sur une *nef toute pourrie, les mains liées derrière le dos et sans gouvernail.* La nacelle, abandonnée au gré des vents et des flots, traversa la Méditerrannée dans presque toute sa longueur et vint enfin s'arrêter au port de Barcelone. Marguerite était en Espagne depuis quelque temps quand elle se détermina, avec ses hôtes, à aller en pèlerinage à Notre-Dame du Puy. Sa visite faite au sanctuaire d'Anis, elle fut conduite à la Séauve par une religieuse du Puy, appelée Bertrand. Ce fut là qu'elle mourut le 3 février 1206. (Note A, p. 87.)

A mon avis, l'écrit qui contient toutes ces choses ne mérite pas grande confiance. Je serais tenté d'ajouter que c'est tout simplement un roman. Voici les raisons de ma manière de voir :

Vers la fin du manuscrit, on affirme que lorsque Marguerite fut morte, on visita les petits oratoires qui étaient dans sa chambre et qu'on découvrit *cette Vie, écrite par Marie, une de ses compagnes.* Marie serait donc l'auteur de la biographie en question.

Or, ce même manuscrit raconte la mort de Marie, puis celle de Marguerite, qui fut postérieure et rapporte enfin les miracles qui s'opérèrent après la mort de cette dernière. Il est évident que tout cela ne peut avoir eu Marie pour auteur.

En outre, si c'est Marie qui est l'auteur de l'œuvre dont il s'agit, comment expliquer la forme qu'y revêt le langage. Marie était contemporaine de Marguerite qu'elle avait accompagnée partout, dans ses pérégrinations. Elle aurait donc écrit vers le commencement du treizième siècle, puisque le manuscrit place la mort de Marguerite en 1206. « *Cette Vie* », disent les Bollandistes, dernière édition, mois de juillet, « est *sans aucun caractère de temps* », sine ullo temporis charactere. Cette affirmation paraîtra incontestable à quiconque aura la moindre connaissance de la forme qu'a revêtue la langue française aux diverses époques et tout lecteur attentif sera pareillement convaincu que celle que revêt le manuscrit n'est certainement pas celle du douzième ni celle du treizième siècle.

Que dire ensuite de cette autre affirmation qui se trouve dans une copie, savoir que la vie de Marguerite fut écrite en grec et apportée d'Espagne par un prêtre appelé Fayad ?

D'après le manuscrit, la Bienheureuse Marguerite serait arrivée à la Séauve en compagnie d'une religieuse du Puy, du nom de Bertrand et sous le supériorat de Délinore de la Roue. Ces deux religieuses ne peuvent être que Marguerite de la Roue, qui était abbesse vers le milieu du seizième siècle et Jeanne Bertrand, du Puy, qui lui succéda dans le gouvernement du monastère. Or, comment concilier cette date avec celle de la mort de Marguerite fixée par le manuscrit à l'an 1206 ?

Mais, dira-t-on peut-être, ne peut-il pas y avoir eu, à la Séauve, ou vers la fin du douzième siècle, ou vers le commencement du treizième, deux religieuses de ce nom, dont l'une supérieure et l'autre simple professe ?

Je dis d'abord que cette assertion serait purement gratuite et impossible à prouver. Je réponds ensuite qu'il est très-hypothétique que le monastère de la Séauve fût fondé dès les dernières années du douzième siècle.

Si l'on fait attention à tout ce qui est raconté dans le manuscrit, surtout par rapport à l'âge que Marguerite pouvait avoir lorsqu'elle quitta la Hongrie, et au temps qu'elle passa dans le désert, après sa sortie du monastère de Jérusalem, on sera aisément convaincu que celle dont on retrace l'histoire avait, au moins, vingt-cinq ou trente ans quand elle arriva à la Séauve. Or, ceci est en contradiction manifeste avec ce que disent trois auteurs dignes de foi et que je citerai plus tard. L'un d'eux affirme que Marguerite fut, d'abord, élève du couvent, *quondàm alumna*. Les deux autres prétendent qu'elle entra dans le monastère à l'âge le plus tendre, *a primævo juventutis flore, a primis innocentiæ annis*.

Dans le manuscrit, il est dit encore que Marguerite aurait été d'origine hongroise. Or, cela est en complet désaccord avec ce que disent la plupart des auteurs, qui la font d'origine anglaise, ainsi que nous le verrons dans la suite.

J'ajoute que dans le manuscrit il y a des faits difficiles à croire. Je n'en cite que deux : 1° la descente de la cime d'un rocher opérée par Marguerite et par Marie sur les ailes d'un petit oiseau ; 2° cette nef pourrie et sans gouvernail où furent placées Marguerite et ses compagnes, qui part de la Palestine, sans pilote, sans provisions, sans gouvernail, traverse la Méditerranée dans presque toute sa longueur, et va aborder, sans encombre, au port de Barcelone. Il semble que des faits semblables exigent, pour être crus, des témoignages exceptionnellement dignes de foi. Ces témoignages manquent ici d'une manière complète. On est donc en droit de dire de ces faits ce qu'en disent les Bollandistes : *Ea referre refutasse sit*.

Enfin si l'écrit est véridique, s'il renferme quelque chose de la vie de celle qui a été honorée d'un culte public dans le Velay presqu'entier, d'où vient que les auteurs Cisterciens n'en font aucune mention nulle part ! Personne n'ignore combien ils étaient attentifs à l'endroit de tout ce qui pouvait tourner à la gloire de leur ordre. Si l'on a un reproche à leur faire, c'est certainement celui d'avoir porté cette attention trop loin et d'avoir, dans leur préoccupation, manqué, quelquefois, de sage critique. S'ils n'en parlent pas, s'ils n'y font aucune allusion, s'ils disent même tout le contraire de ce qui s'y trouve, c'est qu'ils ne la connaissaient pas, et cette ignorance me paraît, au moins, très-extraordinaire, ou qu'ils en avaient l'idée qu'en ont les Bollandistes. Ils ont vu là un pur roman d'un auteur inconnu, roman qui, comme beaucoup d'écrits de ce genre, peut contenir quelques détails de géographie et d'histoire générale basés sur la vérité, mais qui, sans nul doute, ne renferme rien de vrai pour ce qui regarde Marguerite.

J'aurais aimé à apprécier autrement l'œuvre en question. Les détails qui y sont rapportés sont très-circonstanciés, les différentes phases par lesquels on fait passer Marguerite sont loin d'être sans intérêt ; cette œuvre est d'ailleurs écrite avec piété et il ne s'y trouve rien contre la foi et contre les mœurs. Il y aurait eu là matière à une biographie saisissante. En histoire, il faut avant tout des faits vrais et la vérité ne paraît pas être ici.

§ 2. Notes recueillies par l'ecclésiastique cité plus haut.

Je dois la communication à l'obligeance de celui qui a hérité de la riche bibliothèque et des nombreux manuscrits de l'auteur. Je le remercie sincèrement de la complaisance qu'il a mise à me confier le travail de son oncle, relatif au sujet que je traite.

L'écrit peut se diviser en trois parties distinctes que j'apprécierai séparément.

Dans la première, l'auteur fait le portrait de la Séauve-Bénite au moment de l'entrée de sainte Marguerite au monastère. Il consacre trois pages au détail du relâchement qui y régnait alors. Ordre à la surface seulement, esprit de la règle entièrement disparu, adoucissement marqué dans les pratiques de pénitence, commodités, fantaisie d'un demi-luxe dans les cellules, salon des grandes réceptions, visites fréquentes reçues, plus de silence, plus de solitude, correspondances multipliées, désir ardent des nouvelles du monde, etc., etc. Tels sont les principaux traits sous lesquels l'auteur nous dépeint le monastère de la Séauve. On voit que le tableau est singulièrement chargé. Aussi n'est-on pas étonné d'entendre l'apostrophe qu'il adresse à l'abbaye : *Malheureux monastère, qu'adviendra-t-il de toi, si Dieu ne t'arrête sur la pente du relâchement, de la perdition peut-être, par quelque coup puissant de sa miséricorde?*

Je regarde cette première partie au moins comme un anachronisme flagrant. D'après tous les auteurs qui ont écrit sur les monastères de cisterciennes, il est incontestable qu'à l'origine ces religieuses embrassèrent toutes les austérités pratiquées par les premiers moines de Cîteaux. *Elles ne s'occupent pas seulement à coudre et à filer,* dit un d'entre eux, contemporain de ces premiers âges de l'ordre, *mais elles vont dans les forêts defricher les ronces et les épines. Elles observaient aussi l'abstinence la plus rigoureuse,* ajoute un autre, *ne faisoient qu'un seul repas, du 14 septembre à Pâques,* et se contentoient de deux pulments cuits accordés par *la règle de saint Benoît. Cette ferveur dura longtemps. Ce fut l'époque de la prospérité de l'ordre.*

Or, on verra que Marguerite était à la Séauve dès les premières années de l'existence du monastère. Où l'auteur a-t-il vu que, contrairement à ce qui s'est passé partout ailleurs, le relâchement se produisit à l'abbaye de la Séauve aussitôt après sa fondation? Rien dans l'histoire, rien dans aucun auteur, rien dans aucun manuscrit, qui ait pu l'autoriser à faire le portrait qu'il en donne. J'ai donc eu raison de dire qu'il y a là, au moins, un anachronisme flagrant; j'ai dit *anachronisme*, parce que ce qu'il dit peut s'être produit à la Séauve, comme cela s'est vu dans bien d'autres monastères. On sait assez que le temps et les richesses amenèrent le relâchement dans les abbayes de Cîteaux et que le travail des mains et l'abstinence, comme bien d'autres choses, furent abandonnées, à diverses époques, dans un grand nombre de couvents de cet ordre.

La deuxième partie est consacrée au détail des vertus et de la vie intérieure de Marguerite. *Au milieu de cette réunion de beaux noms aristocratiques*, dit notre auteur, *dans cette maison qui n'était ni le monde avec ses vices dégradants, ni le couvent avec ses heureuses austérités, vivait une sœur étrangère aux goûts et aux dissipations de ses compagnes*, etc., etc.

Il n'y a rien ici qui ne soit vraisemblable, mais je ne vois nulle part tout ce qui est raconté soit sur le haut lignage de Marguerite, soit sur ses talents et sa brillante éducation. Il serait difficile surtout de justifier le parallèle qu'établit l'auteur entre la vie de son héroïne et celle de ses compagnes. Etant parti d'un faux supposé, son récit s'en ressent tout entier.

Je dois ajouter que je ne vois rien dans cette deuxième partie, pas plus que dans les autres, de ce que disent les auteurs qui ont parlé de Marguerite. Il y a silence complet sur plusieurs points qui sont parfaitement établis; ainsi rien sur le nom patronymique de notre Sainte, rien sur l'époque de son existence à la Séauve, rien sur ses fonctions et sur la manière dont elle les exerça, etc., etc. L'auteur a fait ici un récit au hasard; évidemment sur quelques points il doit avoir raconté juste. Tout le monde sait assez ce que peut être la vie d'une religieuse édifiante et toute entière à l'accomplissement de ses devoirs.

Dans la troisième partie, l'auteur rappelle l'expulsion de Marguerite de son couvent, à cause de ses infirmités et de la maladie hideuse qui lui était survenue. Ce fait est raconté d'une manière très-dramatique. Je cite textuellement, mais sans me rendre garant des circonstances relatées par l'auteur :

« La fidèle amante de Jésus-Christ s'appelait, en « religion, Sœur Marguerite. Ah! il fallait que « la grâce l'eût bien préparée à la terrible épreuve « qui l'attend, à cette épreuve amenée enfin par « les desseins miséricordieux du Seigneur! La voilà « subitement frappée d'un mal hideux. Est-ce une « gale de la pire espèce, comme on se l'est d'abord « imaginé? Non, c'est la lèpre orientale. Son vi- « sage, d'une beauté si pure, devient repoussant; « une odeur presque infecte s'exhale de sa per- « sonne. Sœur Marguerite est pleinement résignée « aux dispositions de la Providence. Que Dieu

« l'afflige, que Dieu la fasse souffrir, que Dieu l'hu-
« milie sans mesure, elle lui dit comme toujours :
« Mon Dieu, je vous remercie. Comprenant les ri-
« goureuses exigences de sa situation, elle s'éloigne
« de ses compagnes avec les précautions les plus
« attentives. Sa vue déplairait au réfectoire et dans
« le lieu des récréations ; elle s'abstient d'y pa-
« raître. Cependant elle suppose qu'on ne peut lui
« refuser un petit coin écarté dans la chapelle.
« Hélas ! c'était trop pour la délicatesse de ces reli-
« gieuses dégénérées. Volontiers elle se confine-
« rait dans sa cellule et n'en bougerait jamais ; mais
« quelle sœur converse voudrait lui porter ses ali-
« ments ! D'ailleurs, sa maladie est évidemment
« contagieuse ; l'air serait vicié, corrompu par sa
« présence. Donc, pour le salut de la Communauté
« tout entière, elle doit être mise dehors. L'abbesse
« ne se doutait pas que son mot barbare était
« une prophétie. D'une voix unanime on a prononcé
« l'expulsion immédiate de la lépreuse. La porte
« du monastère s'ouvre : — Partez, Sœur Margue-
« rite, et que Dieu vous accompagne ! — Oui, Sœurs
« indignes, Dieu l'accompagnera, mais en vous
« montrant sa colère. Sœur Marguerite, sans faire
« entendre une parole pour exciter la pitié et sans
« pousser une plainte part, comme si elle se rendait
« à un nouvel exercice de dévotion ; elle va gra-
« vir la montagne abrupte, au pied de laquelle est

« bàti le monastère. La porte se referme et la
« satisfaction est générale. Au même instant le ciel,
« qui était serein, se couvre de nuages épais,
« les éclairs se succèdent rapidement, le tonnerre
« gronde sans relâche, la pluie et la grêle, confon-
« dues, se précipitent avec une abondance ef-
« frayante. Jamais on ne vit une pareille tempête.
« Toutes les Sœurs se sont enfuies dans la chapelle,
« elles ont retrouvé cette fois un véritable élan
« de piété; elles implorent Dieu, elles conjurent la
« Sainte Vierge et tous les Saints quand la fou-
« dre tombe tout-à-coup, avec un horrible fracas,
« sur une aîle du bâtiment. Peu s'en faut qu'elles
« ne soient terrassées par l'épouvante. Une d'entre
« elles, qui a plus de sang-froid et surtout le cœur
« plus compatissant, songe en ce moment à Sœur
« Marguerite. — Mon Dieu, que sera devenue cette
« infortunée, sans abri, au milieu des fureurs de
« l'orage! — Elle court vers une fenêtre, de laquelle
« on peut apercevoir le sentier qu'elle a suivi. O
« merveille! de ce côté, c'est un resplendissant so-
« leil qui éclaire un endroit de la montagne. Re-
« tourner à la chapelle, annoncer le miracle par une
« exclamation et entraîner à sa suite toutes les
« Sœurs pour qu'elles le voient de leurs propres
« yeux, cela n'a pas demandé beaucoup de secon-
« des. — Qu'avons-nous fait! qu'avons-nous fait!
« se sont-elles écriées d'une seule voix; c'était une

« Sainte! Dieu nous punit d'une manière écla-
« tante. Vite, la grande bannière du couvent! vo-
« lons après notre Sœur et hâtons-nous de la ra-
« mener. — Les Religieuses ont franchi la porte qui
« venait de s'ouvrir pour Sœur Marguerite, elles
« s'engagent dans le sentier; mais, ô nouveau pro-
« dige! la pluie et la grêle les épargnent et le
« soleil semble venir à leur rencontre. Sœur Mar-
« guerite, qui n'a pas soupçonné le moindre déran-
« gement d'atmosphère dans les environs, s'était
« arrêtée devant une petite fontaine; elle se lavait
« le visage, les mains et les pieds. Quand elle s'en-
« tend nommer par ses compagnes qui arrivent,
« elle leur dit avec sa douceur habituelle : « Trou-
« vez-vous que je sois encore trop près du monas-
« tère! patience! patience! je m'éloignerai. » —
« Non, non, Sœur Marguerite, nous venons vous de-
« mander pardon, nous venons vous chercher.
« Vous voyez des coupables à vos genoux, la honte
« sur le front et le repentir dans le cœur. Grâce!
« grâce! bonne Sœur Marguerite! Sœur Marguerite
« leur jette un regard d'ineffable tendresse. — Je
« suis guérie maintenant, et je puis m'en retourner
« avec mes bien-aimées compagnes. C'est à qui bai-
« sera ses pieds et ses mains. Le retour fut plus
« qu'une fête, plus qu'un triomphe. »

Le fait rapporté ici peut être vrai quant au fond. La tradition l'a fait parvenir jusqu'à nous et tout le monde le croit dans les environs de Saint-Didier. Il existe même à la chapelle de la Séauve un tableau qui représente l'orage. Je dois dire, néanmoins, qu'aucun ouvrage n'en fait mention.

D'après ce que j'ai dit, il me semble qu'on peut comprendre ce que je pense de l'œuvre de l'ecclésiastique en question.

§ 3. Vies des Saints, par Godescard.

Je cite d'abord textuellement ce que dit l'auteur au sujet de sainte Marguerite de la Séauve, au 2 février :

« Sainte Marguerite d'Angleterre, vierge.

« On garde son corps chez les cisterciennes de « Séauve-Bénite, au diocèse du Puy, en Velay. On « visite sa châsse avec dévotion et on assure qu'il « s'y est opéré plusieurs miracles. On lit dans « plusieurs auteurs que cette Sainte était d'Angle- « terre, mais ceci ne paraît pas s'accorder avec « son ancienne vie. Il y est dit qu'elle était d'une « illustre famille de Hongrie. Sa mère, qui etait ori- « ginaire d'Angleterre, fit, avec elle, un pèlerinage « à Jérusalem. Elles vécurent saintement toutes deux

« dans cette ville, puis à Bethléem. Marguerite, « après la mort de sa mère, entreprit un pèlerinage « à Montserrat, en Espagne, d'où elle alla à Notre-« Dame du Puy, en Velay. Elle embrassa ensuite « l'état monastique chez les cisterciennes de Séauve-« Bénite, où elle mourut dans le douzième siècle. » (Note B, p. 94.)

L'illustre historiographe dit ensuite dans une note :

« Il ne paraît pas très-certain que notre Sainte « soit entrée dans l'ordre de Cîteaux, du moins, « n'est-il parlé dans les *Annales* de cet ordre, par « Henriquez, que d'une sainte Marguerite d'Angle-« terre dont le frère, nommé Thomas, fut exilé par « le roi Henri II, avec les parents et les amis de « saint Thomas de Cantorbéry. Elle quitta le siècle « par l'avis de son frère et se fit cistercienne « à Laon, où elle mourut en odeur de sainteté, « en 1122. »

Mes observations sur ce que dit Godescard seront très-simples et très-courtes :

1° La *Vie* manuscrite ne dit pas que Marguerite de la Séauve fut originaire d'Angleterre, ainsi que l'affirme Godescard. Elle dit simplement qu'elle était sœur de la reine de Hongrie.

2° Ce n'est pas dans le douzième siècle, mais bien au commencement du treizième, en 1206, que le même ouvrage place la mort de Marguerite. On ne sait pas pourquoi l'auteur donne une date différente que celle que donne l'œuvre sur laquelle il base sa biographie sur Marguerite.

3° Par ce qui sera cité d'Henriquez, il est aisé de voir ce qu'il faut penser de l'affirmation de Godescard à ce sujet, quand il prétend que le savant cistercien ne parle que de Marguerite, sœur de saint Thomas, qui se fit religieuse et mourut à Laon.

4° En lisant attentivement le texte et la note de l'auteur, on comprend qu'il hésite dans ses affirmations et qu'il est loin d'être certain de ce qu'il dit; il semble même détruire ce qu'il affirme dans le texte par ce qu'il prétend dans la note.

§ 4. Les Bollandistes.

Dans la dernière édition, ils mentionnent la Bienheureuse Marguerite au 20 juillet. Je traduis librement ce qu'ils en disent :

« La Bienheureuse Marguerite, à Séauve-Bénite,
« en France, au diocèse du Puy, est mentionnée avec
« un grand éloge qui peut s'appliquer à la plupart
« des pieuses religieuses, par Chrysostôme Henri-
« quez, dans son *Ménologe cistercien*. Celui-ci cite,
« en particulier, un calendrier de l'ordre qu'il ne
« désigne pas assez et cet autre calendrier que nous

« avons dit souvent avoir été imprimé à Dijon.
« J'avoue que le dernier en parle ; mais tout cela ne « prouve pas suffisamment que Marguerite a été « honorée d'un culte public, d'autant plus que Saus- « saye ne la cite que parmi les religieuses pieuses « et que Castellan ose à peine lui donner le titre « de vénérable. Les paroles de ce dernier méritent « d'être citées. Il dit à la page 936 : *La vénérable « Marguerite, Anglaise, est appelée Bienheureuse, « à Séauve-Bénite, chez les Vélauniens, monastère « de vierges de l'ordre de Cîteaux, ubi et miracula « narrantur*. Arthur Dumoustier la fait aussi d'o- « rigine anglaise, mais il montre clairement qu'il « ne connaît que très-peu de choses sur son ori- « gine, son âge et sa vie. J'ai devant les yeux une « certaine vie, écrite en français et divisée en une « trentaine de chapitres, dans laquelle, mais sans « aucun caractère de temps, on la dit née en Hon- « grie et issue d'un père romain. Elle aurait fait le « pèlerinage de la Palestine et y aurait opéré cer- « tains prodiges *qu'il suffirait de citer pour les ré- « futer, ita ut*, ajoute le savant historiographe, « *cœtera id genus exponenda non censeam*. Si l'on « peut en tirer quelque chose de certain, il est de « la dernière évidence *hanc non esse obitus ejus « diem*, puisqu'il est dit au chapitre trente-huitième, « qu'elle mourut le lendemain de la Circoncision. Il « sera donc temps, si le culte légitime est jamais

« prouvé, d'en parler au supplément, au jour même « de sa mort. »

Plusieurs observations me semblent nécessaires. Je les donne sous toutes réserves, parce qu'il ne m'appartient pas de faire *la leçon* à des historiographes si connus dans le monde chrétien par la grandeur de leurs travaux, la sûreté de leurs vues et surtout par la sévérité de critique qu'ils ont su apporter à toutes leurs recherches. Tout en les donnant sous toute réserve, je crois qu'elles sont justes.

1° Ne semble-t-il pas que les Bollandistes n'ont pas eu connaissance du calendrier de l'ordre que cite Henriquez? Ce dernier le fait assez connaître cependant et le désigne d'une manière parfaite. Au reste, je le cite textuellement plus bas. On verra ce qu'il dit sur la Bienheureuse Marguerite.

2° Ne semble-t-il pas aussi qu'ils n'ont pas fait une attention suffisante à ce que disent Henriquez, dans l'avant-propos de son *Ménologe*, et Arthur Dumoustier, dans la préface de son *Martyrologe* ? Ces deux auteurs s'expliquent cependant très-clairement sur leurs intentions. Ils affirment l'un et l'autre que tous les Saints et Bienheureux dont ils parlent dans leurs ouvrages respectifs sont entièrement conformes aux règles tracées par les Constitutions apostoliques. Il y aurait à examiner s'ils sont compétents dans ces matières. Jusqu'à preuve du contraire, je regarde leur appréciation comme basée sur de solides raisons.

3° Il me paraît certain que l'illustre historiographe qui parle n'a point connu tous les auteurs qui font mention de Marguerite, de même que les nombreux monuments locaux que je rapporterai dans le troisième paragraphe et qui attestent un véritable culte rendu par les populations du Velay.

4° De Saussaye, que je cite textuellement plus bas, dit expressément que Marguerite de la Séauve fut *remarquable par l'éclat de ses vertus et par la splendeur de ses miracles*. Voilà pourquoi je ne comprends pas les Bollandistes, quand ils affirment que de Saussaye ne cite notre Sainte que parmi les religieuses pieuses. On a quelque chose de plus que de la piété quand on est *remarquable par l'éclat des vertus et par la splendeur des miracles*.

5° A cause de ce que j'ai dit déjà, il serait inutile d'appeler l'attention du lecteur sur ce qu'ils pensent de la vie manuscrite. Ils ne peuvent être plus formels.

CHAPITRE DEUXIÈME

Quelques questions concernant Marguerite et relatives à son nom patronymique, à son pays natal, à l'époque de son existence à la Séauve, à l'âge qu'elle avait quand elle entra dans le monastère, aux fonctions qu'elle y remplit, aux vertus qu'elle y pratiqua, au don des miracles dont elle fut gratifiée, à ses restes mortels.

Il m'a semblé qu'il ne serait pas inopportun de citer textuellement les ouvrages où j'ai puisé les renseignements nécessaires pour l'élucidation des questions énoncées. Je les cite donc textuellement. Au reste, par là, on verra que si Marguerite a été peu connue au peuple vélaunien qui, cependant, lui rendait un culte, elle ne l'a pas été pour un très-grand nombre d'auteurs, dont quelques-uns font autorité dans ces matières.

I

Missel de l'ordre de Citeaux.

Il en est parlé, entr'autres, par Albert Mirœe, dans son *Chronicon de l'ordre de Cîteaux*, par Henriquez, dans son *Ménologe*, et par Arthur Dumoustier, dans son *Martyrologe*. Il fut imprimé à Paris, en 1626. Ce Missel donne simplement son nom dans un catalogue des Saints de l'ordre, qui s'y trouve vers la fin.

II

Chronicon de l'ordre de Citeaux.

Il a pour auteur Albert Mirœe, docteur en théologie, et a été imprimé à Cologne, en 1614, en un volume in-18°.

« L'an 1626, y est-il dit, fut imprimé à Paris un « Missel de l'ordre de Cîteaux, à la fin duquel se « trouve un catalogue des Saints et des Bienheu- « reux de cet ordre. » Suit le catalogue et vers la fin : « *Margareta, à la Séauve-Bénite, diocèse* « *du Puy, religieuse* sacristine. »

III

Fascicule des Saints de l'ordre de Citeaux.

Il est de Chrysostôme Henriquez et fut livré à l'impression à Bruxelles, chez Jean Peperman, en 1623, un volume in-folio. A la page 272, on lit, dans son entier, le catalogue dont je viens de parler et, à la fin, notre Sainte, de la même manière que plus haut.

Il me semble qu'on doit ici tirer une conclusion : donc en 1626, dans l'ordre de Cîteaux, on regardait Marguerite de la Séauve comme une Sainte et on lui rendait un culte; donc notre héroïne se trouve dans les conditions exigées par Urbain VIII dont la bulle parut en 1636.

IV

Calendrier de Dijon.

Imprimé à Dijon en 1617, sous ce titre : *Kalendrier de l'ordre sacré de Cîteaux dans lequel sont marqués, dans l'ordre des mois, les jours de ses principales solennités*. Il est connu aussi sous le nom de : *Journal des Saints de Citeaux pour le diocèse de Dijon.*

On y lit, au mois de juillet : « *Sainte Marguerite, originaire d'Angleterre, religieuse dans* l'abbaye de la Forêt-Bénite, au diocèse du Puy, de l'ordre de Cîteaux. Elle a éclaté par la sainteté de sa vie et par plusieurs miracles qui lui ont donné rang parmi les Saints de son ordre. »

V

Calendrier de Citeaux.

C'est le calendrier espagnol, imprimé à Salamanque et composé par Angèle Manrique. Il est plus ancien que celui de Dijon et a pour titre : *Calendrier des Saints et Bienheureux de l'ordre de Cîteaux.* L'édition de 1689 contient ce qui suit :

« Dans la partie de l'Aquitaine, appelée le Puy
« ou le Velay, la Bienheureuse Marguerite, vierge,
« qui, en prenant soin des choses sacrées, à Séauve-
« Bénite, devint elle-même le sanctuaire de l'Esprit
« saint. »

Henriquez, dans son *Ménologe,* chapitre xv, parle de ces deux ouvrages avec le plus grand éloge et dit d'Angèle Manrique qu'il s'appliquait à l'étude des choses passées avec le zèle le plus ardent.

VI

Ménologe de Cîteaux.

Il a pour auteur le révérend Père Chrysostôme Henriquez, de l'ordre de Cîteaux et fut imprimé à Anvers en 2 volumes in-folio. Chrysostôme Henriquez a été un des écrivains les plus laborieux de son ordre et a laissé un très-grand nombre d'ouvrages.

Voici ce qu'il dit de notre Sainte dans son *Ménologe* :

« A la Séauve-Bénite (Saint-Didier-la-Séauve),
« la Bienheureuse Marguerite qui, prévenue de la
« grâce divine, dès sa plus tendre enfance, consacra
« au Seigneur sa virginité, dans l'ordre de Cîteaux,
« et, tout entière aux choses divines, s'efforça de
« s'attacher à lui par son amour et la pureté de son
« esprit ; en sorte que, brillant par la sainteté de sa
« vie et la gloire de ses miracles, elle était regardée
« comme vénérable par tous. Et comme elle grandissait de jour en jour et par son amour pour
« Dieu et par sa charité envers les hommes, devenant de plus en plus parfaite, ayant consommé
« heureusement la course de son pèlerinage, elle
« s'envola vers la céleste patrie. »

Je ferai observer que dans sa préface, chapitre XXII, l'auteur, après avoir rappelé les Constitutions d'Alexandre III et d'Urbain VIII, affirme que tous ceux auxquels il donnera le nom de Saints et de Bienheureux ne sont point contenus dans les défenses de ces Constitutions, d'où il suit qu'en 1629, époque où écrivait Henriquez, quatre ans après la publication de la Constitution d'Urbain VIII, le culte de la Bienheureuse Marguerite, était, au jugement du célèbre bibliographe, légitime et conforme aux Constitutions apostoliques.

VII

Compendium des Saints et Bienheureux de l'ordre de Cîteaux.

Il fut composé par Philippe Seguin qu'Henriquez regarde comme un homme intègre. « Parmi tant « d'hommes, dit ce dernier, qui illustrèrent notre « famille par leurs écrits, il faut citer Philippe « Seguin, moine et prieur du monastère de Charlieu « (Caroli loci), en Bourgogne, homme diligent et « curieux, qui a laissé beaucoup d'écrits qui con- « tribuent à la gloire de l'ordre. » Il paraît que de tous ses écrits celui que je cite est le seul qui soit arrivé jusqu'à nous. Henriquez rapporte les titres de tous ces écrits, *Ne tanti viri omni memoriâ digna opera plane intercidant*. L'article que l'auteur consacre à Marguerite est ainsi conçu :

« De Sainte Marguerite, religieuse à la Séauve.

« Sainte Marguerite, vierge très-digne, ayant « méprisé les plaisirs et les honneurs de ce siècle, « se rendit au monastère de Séauve-Bénite, au « diocèse du Puy, pour s'unir à Jésus-Christ, son « royal Epoux. Là, se vouant tout entière aux louan- « ges divines et à la prière, elle reçut de l'abbesse « l'ordre de s'acquitter des fonctions de sacristaine. « S'étant chargée avec humilité de cet emploi, elle « avait pour la maison de Dieu le plus grand hon- « neur et le plus profond respect, faisait disparaître « la poussière des murailles et du pavé, purifiait « les nappes et les autres ornements de l'autel, trai- « tant avec la plus grande vénération les vêtements « des prêtres, et tout le temps qu'elle pouvait « soustraire à ces divers offices, elle le consa- « crait à la prière et à la lecture. C'est pourquoi, « Dieu le disposant ainsi, elle parvint à une si « grande couronne de grâces qu'elle brilla du « don des miracles et pendant sa vie et après sa « mort. »

VIII

Série des Saints, des Bienheureux et des hommes illustres du saint ordre de Cîteaux.

L'auteur, dom Claude Chalamot, abbé de Sainte-Marie-de-Colombe, fit imprimer son ouvrage à Paris, en 1666, en un volume-in-4°. Il mentionne au 20 juillet la Bienheureuse Marguerite de la Séauve :

« Dans l'Aquitaine, au couvent de notre ordre « appelé Séauve-Bénite, et au diocèse du Puy, la « Bienheureuse Marguerite, vierge, religieuse et « professe de ce monastère, qui, y offrant et consa- « crant au Très-Haut son corps et son âme, brilla « de tout l'éclat des vertus, devenue sacristaine de « son église, elle traitait avec toute la décence, tout « le respect voulu, les vases sacrés et les ornements « dont elle avait la garde et le soin. Presque con- « tinuellement occupée des choses divines, son « cœur ne soupirait qu'après le ciel. Son désir sur « ce point était des plus ardents. Après avoir par- « couru ainsi la course de sa vie très-pure, elle « déposa, par une sainte mort, le poids pesant de « son corps. Elle fut associée aux Anges, après son « trépas, afin que, comme vierge prudente, elle

« suivît avec intrépidité l'Agneau, partout où il « irait.

« Les restes de la vierge existent encore dans « l'église du monastère et y sont religieusement « conservés. Ses ossements furent tirés autrefois « de la terre, à cause des miracles insignes qui se « produisirent, et exposés, dans un lieu élevé, au « culte du peuple fidèle.

« Le nom de la Bienheureuse Marguerite se « trouve inscrit dans le catalogue commun qui « contient le nom des Saints et Bienheureux de « l'ordre. »

IX

Année cistercienne.

L'auteur, qui était religieux à l'abbaye de *Maris-Stella,* place au 24 juillet la fête de la Bienheureuse Marguerite de la Séauve et son existence dans le monastère vers l'an 1400. Cette date est donnée en marge.

Cet ouvrage fut imprimé en 1683, en 2 volumes in-18°, à Wettingen, près de Bade, en Suisse. Il est conçu dans une forme particulière. L'auteur s'adresse aux Saints eux-mêmes. Par une pieuse et courte apostrophe il propose à la vénération et à l'imitation les principaux actes et les vertus rares des Saints et Bienheureux de l'un et de l'autre sexe qui ont appartenu à l'ordre de Cîteaux.

Nous lisons dans la seconde partie, page LXXII :

« XXIV Julii, IX Calend. Augusti.

« Beata Margarita, etc.

« La Bienheureuse Marguerite, religieuse de « Seauve-Bénite, qui, dès les premières années de « son innocence pieusement élevée dans une sainte « école, obtint un empire si *complet* sur tous les « sens extérieurs de son corps, qu'elle ne laissa « entrer par ces portes rien qui pût souiller de la « moindre tache l'intégrité de sa pureté parfaite ; « c'est pour cela que le Fils de la Vierge, à qui vous « vous étiez donnée pour épouse encore enfant, « remplit votre cœur du feu si ardent de son « amour, que vous ne trouviez nulle part un repos « plus suave, que lorsque prosternée en présence « du Dieu caché sous les voiles du pain sacré, ni la « faim, ni le froid, ni le sommeil ne pouvaient vous « arracher de là. Afin que vous pussiez satisfaire « plus sûrement à cette dévotion, l'abbesse vous « confia le soin des objets du culte. Aussi si les « anciens poètes avaient voulu ajouter au chœur « des neuf nymphes, ils vous auraient désignée pour

« la dixième sous le nom de *Propreté*, méritant de « partager avec elles les honneurs de l'encens par la « pureté de votre âme, de votre corps et du temple « saint : tant il était impossible d'y rencontrer les « moindres vestiges de poussière ou de tout ce qui « pouvait blesser les regards. Vous aviez le plus « grand soin pour les habits et les ornements des- « tinés au saint sacrifice ; vous les traitiez avec au- « tant de respect, que si vos mains eussent touché « ces reliques des Saints ; vous souvenant toujours « combien grand et digne d'amour était Celui pour « qui vous agissiez, Celui qui est à la fois victime et « prêtre. C'est lui qui vous a décerné le plus parfai- « tement les honneurs célestes, lorsqu'il vous a « introduite dans la demeure des Saints, pleine de « mérites et célèbre par tant de prodiges.

« Apprenez-moi à traiter les divins mystères avec « des mains et un cœur toujours purs ; car les moin- « dres souillures déplaisent à ce Dieu, qui aime « tant la pureté et qui sonde les cœurs et les reins. »

X

Histoire générale du Languedoc.

Cet ouvrage fut composé sur les auteurs et les titres originaux par deux religieux bénédictins de la Congrégation de Saint-Maur ; 3 volumes in-folio, 1603 et 1733.

Après quelques mots sur le monastère de la Séauve, les auteurs ajoutent :

« On voit dans l'église le tombeau de la Bienheu-
« reuse Marguerite, religieuse de ce monastère, la-
« quelle y est en grande vénération. »

XI

Vincent de Beauvais.

Dans la cinquième partie de son troisième livre qu'il appelle : *Miroir historial, chapitre des sacriléges et lieux saints,* distinction vingt-unième, Vincent raconte que l'archevêque de Lyon, revenant d'un pèlerinage avec l'évêque du Puy, tous les deux visitèrent le couvent de la Silve-Bénite, à sept ou huit lieues du Puy, pour y voir une religieuse de l'ordre de Cîteaux, laquelle on tenait pour Sainte, ayant été délivrée d'un grand nombre d'infirmités et maladies par le secours de la Mère de Dieu qui l'avait guérie de goutte, fistules et ulcères qui la rongeaient d'une façon si étrange que ses intestins paraissaient. Depuis cette cure miraculeuse, tous les samedis, elle était ravie en extase, pendant laquelle beaucoup de secrets lui étaient révélés d'en haut. Les deux prélats de Lyon et du Puy lui demandèrent si Dieu ne lui avait rien appris touchant un événement arrivé depuis peu à la cathédrale du Puy, qui avait été fulminée par le feu du ciel ; à quoi elle répondit sincèrement ce que Dieu lui avait révélé. Il y avait, dit-elle, deux adultères qui, ne trouvant aucun lieu commode pour exécuter leur dessein, choisirent ce lieu si auguste qu'ils souillèrent de leur crime. Par quoi Dieu justement irrité la voulut nettoyer et purifier par le feu du ciel.

Odo de Gissey, qui rapporte ce passage de Vincent, ajoute : « Je ne doute pas que cette religieuse fut autre que Marguerite. »

Je ferai remarquer que Vincent de Beauvais écrivait vers le milieu du treizième siècle. L'existence de Marguerite remonterait donc à cette époque.

XII

Histoire universelle du pays de Forez.

L'auteur, Jean-Marie de Lamure, chanoine à Montbrison, la fit imprimer en 1614 en un volume in-8°. Dans sa préface, il a soin de dire qu'il a *dressé* cette histoire sur des autorités et des preuves authentiques. Son ouvrage est rare et très-recherché de nos jours.

Il est question de la Séauve et de sainte Marguerite.

« La rivière de Cemènes, y est-il dit, passe au « pays de Velay, où, entre autres choses, elle arrose « ce dévot désert où est située une abbaye de Cî- « teaux, vulgairement appelée *la Séauve*, du nom « latin *silva*, qui signifie forêt, en laquelle repose le « corps d'une sainte religieuse, jadis sacristaine « de cette abbaye, qui est invoquée sous le nom de « sainte Marguerite de la Séauve, laquelle forêt « appelée à cause de cette dévote abbaye : *Silva* « *benedicta*, c'est-à-dire la forêt bénite. »

XIII

Histoire de Notre-Dame du Puy.

Elle a pour titre : *Discours historique de la très-ancienne dévotion à Notre-Dame du Puy*, et fut livrée au public en 1624.

Odo de Gissey, qui en fut l'auteur, y raconte le fait rapporté par Vincent de Beauvais et ajoute : « Je ne doute pas que cette religieuse fut autre « que sainte Marguerite, qui de présent y est tant « réclamée, et au tombeau de laquelle se font ordi- « nairement des miracles. »

XIV

Autre histoire de Notre-Dame du Puy.

L'auteur était ermite et demeurait dans les gorges profondes qui existent au couchant du château de Monistrol-sur-Loire. Il est connu sous le nom de Frère Théodore. Son ouvrage fut mis au jour en 1693, en un volume in-18.

A l'exemple d'Odo de Gissey, il rapporte le fait raconté par Vincent et pense, comme lui, que la religieuse dont il y est parlé n'est pas autre que sainte Marguerite de la Séauve.

XV

Gallia Christiana vetus.

Imprimé à Paris en 1656. Voici ce qu'on y lit sur sainte Marguerite de la Séauve, au tome V, page 833 :

« La Séauve-Bénite, monastère de Religieuses
« de l'ordre de Cîteaux, où la Bienheureuse Mar-
« guerite, Anglaise, brille par ses miracles. »

XVI

Gallia Christiana nova.

Au tome III, page 777, les savants bénédictins, après avoir dit que l'église de la Séauve était vaste et belle, ajoutent *qu'on y voit le tombeau de sainte Marguerite, autrefois élève de ce monastère, quondam alumna* et terminent en constatant qu'auprès de ce tombeau il *s'opère chaque jour de nombreux miracles, patrantur crebra in dies miracula.*

A la page 779 du même volume, ils citent encore le fait suivant, relatif à notre illustre Cistercienne ; ils disent l'avoir recueilli sur la couverture d'un vieux livre :

« L'an 1594, dit-on, le vingt-un juillet, à six heu-
« res du matin, le sieur de Champétières, accom-
« pagné de 500 soldats, posa le pétard devant le
« château de l'abbaye de la Séauve ; mais Antoine
« Gontaud, sieur de Lavallée, avec sept soldats
« seulement, les obligea à se retirer et à laisser
« leurs échelles et leur pétard qu'il offrit, le lende-
« main, à l'offertoire de la messe de sainte Magde-
« laine. Pendant le siége, Mme Marguerite de
« Saint-Priest, abbesse, était en prières avec ses
« religieuses devant le tombeau de la Bienheureuse
« Marguerite. »

XVII

Dictionnaire de Géographie universelle.

Imprimé d'abord en latin en 1682, puis en français en 1705. Il a pour auteur Beaudraud, prieur de Rouvres et de Neuf-Marché. Voici ce qu'il y est dit au mot *Séauve :*

« La Séauve-Bénite ou la Séauve-Benoite, *Silva* « *Benedicta,* abbaye de l'ordre de Cîteaux, au dio- « cèse du Puy-en-Velay, environ à neuf lieues de « la ville du Puy, vers le levant d'esté. On honore, « dans cette abbaye, Marguerite d'Angleterre, qui « y éclate en miracles. »

XVIII

Recueil historique des Archevêchés, Abbayes et Prieurés.

Deux volumes in-4°. Beausnier, qui en est l'auteur, était de l'ordre de Saint-Benoît. Au mot *Séauve,* il dit :

« C'est en cette maison que la Bienheureuse Mar- « guerite Langlois, illustre par ses miracles, repose. »

XIX

Le Clergé de France.

C'est un tableau historique et chronologique des archevêques, évêques, abbés, abbesses, etc., 4 volumes in-8°. L'auteur, Hugues Dutemps, était docteur de Sorbonne. Il y est question de l'abbaye de la Séauve et de sainte Marguerite.

« L'abbaye de la Séauve est remarquable par le « tombeau et les miracles de la Bienheureuse Mar- « guerite de Langlois. »

XX

Voyage pittoresque de la France.

Dix volumes in-folio qui ont pour auteurs de Laborde, Réguiller et autres. On y lit ce qui suit au sujet de Marguerite :

« L'église de l'abbaye de la Séauve est grande et « belle. C'est là que repose, dans un tombeau de « marbre, le corps de la Bienheureuse Langlois, qui « vécut autrefois dans ce monastère. Les miracles « que l'on prétend s'opérer par son intercession « rendent cette église un lieu de pèlerinage. »

XXI

Calendrier du diocèse du Puy.

Ce petit volume, très-recherché aujourd'hui et qui vit le jour au Puy en 1788, est de M. Laurens, prêtre de l'église de Notre-Dame. Il est dit à la page 119 :

« Dans son église repose, dans un tombeau de « marbre, le corps de la Bienheureuse Marguerite de « Langlois ; elle est un lieu de pèlerinage. »

XXII

Martyrologe du Révérend Père Dumoustier.

Arthur Dumoustier était de l'ordre des Frères Mineurs Recollets. Son ouvrage parut en 1641, en un volume in-folio. Il y est dit qu'il fut composé sur un grand nombre de manuscrits et sur des auteurs approuvés.

Ce qui rend précieux le témoignage de Dumoustier, c'est qu'il affirme dans sa préface qu'il n'a voulu admettre aucun Saint ou Bienheureux que conformément aux règles tracées par la constitution d'Urbain VIII, publiée le 13 mai 1627.

Nous y lisons au 20 juillet :

« Au monastère de Séauve-Bénite, ordre de « Cîteaux, diocèse du Puy, la Bienheureuse (b.) « Marguerite, vierge, Anglaise, remarquable par « l'éclat de ses vertus et la splendeur de ses mi- « racles. (b.) La Bienheureuse Marguerite, vierge, « exerçait, dans le monastère, les fonctions de « sacristaine. En font mention Saussaye, dans son « *Martyrologe gallican*, la *Gaule chrétienne ;* « Henriquez, dans son *Ménologe cistercien*, le *Ca- « lendrier des Saints et des Bienheureux de cet « ordre,* un ancien Missel de l'ordre ; Philippe « Seguin, dans son *Compendium des Saints* du « même ordre. »

XXIII

Martyrologe gallican.

André de Saussaye, évêque de Toul, entreprit cet ouvrage par l'ordre de Louis XIII et le livra au public en 1638, en deux volumes in-folio.

« De même, y est-il dit, au monastère de Séauve- « Bénite, diocèse du Puy, rendit à Dieu son âme « pure Marguerite, vierge, remarquable par l'é- « clat de ses vertus et la splendeur de ses mira- « cles. »

XXIV

Martyrologe universel.

Cet ouvrage, qui fut composé par Chastelain Claude, chanoine de l'Eglise de Paris, n'est pas autre chose que la traduction en français du *Martyrologe romain*, avec des notes et des additions. *Il est,* dit Feller, *plein de l'érudition la plus recherchée*. Il fut imprimé à Paris, en 1705, en un volume in-4°.

Nous y lisons, à la page 936 : « La vénérable « Marguerite d'Angleterre est appelée Bienheureuse « à Séauve-Béginte, chez les Vellaviens, monastère « de filles de l'ordre de Cîteaux. On y parle de « miracles. »

XXV

Ménologe bénédictin.

Il a pour titre : *Menologium Benedictinum Sanctorum, Beatorum atque illustrium ejusdem ordinis virorum elogiis illustratum*. Son auteur, le R. P. Gabriel Bacelin était moine bénédictin au monastère de Wingasten, en Souabe et théologien impérial. Le *Ménologe* parut à Wold-Kirchü, en 1645, en un volume in-folio.

A la page 510 (20 juillet), nous lisons : « In silvâ « Benedictâ, etc.

« A la Séauve-Bénite mémoire de la Bienheu-« reuse Marguerite, vierge. Méprisant les honneurs « et les plaisirs de ce monde, dès sa plus tendre « enfance, prévenue de la grâce divine, elle con-« sacra sa virginité au Seigneur, dans le susdit « monastère, et toute occupée des choses divines, « elle s'efforça de s'attacher à lui par l'amour et la « pureté de son cœur. Chargée des fonctions de « sacristaine, elle les accepta avec une grande hu-« milité et révérence, s'en acquitta avec grand pro-« fit de son âme, porta le plus grand honneur à la « maison de Dieu; elle appropriait avec un soin et « une ardeur incroyable les murs et le pavé ; elle « entretenait dans le meilleur état les nappes et « les ornements des autels ; elle traitait avec grande « vénération les vêtements sacrés des prêtres ; tout « ce qu'elle pouvait avoir de temps libre était em-« ployé à la prière et à la lecture. C'est pourquoi « elle obtint de la bonté divine une si grande cou-« ronne de grâces, que, regardée comme vénéra-« ble à tout le monde, elle brilla pendant sa vie et « après sa mort par de nombreux prodiges. Comme « elle croissait chaque jour en ferveur pour Dieu

« et en charité pour le prochain et qu'elle cherchait « à les surpasser en perfection, après avoir heu- « reusement consommé le cours de son pèlerinage, « elle s'envola dans la patrie céleste. »

*
* *

A l'aide des documents qui précèdent, il est aisé de traiter les questions émises plus haut et surtout de faire ressortir ce qu'il y a de plus saillant dans la vie de Marguerite. Je procède ici encore d'une manière fort élémentaire. Pour beaucoup de lecteurs ce sera, sans doute, moins attrayant, mais je ne pense pas que ce soit moins clair.

I

Nom patronymique de Marguerite.

Notre Cistercienne portait le nom de Marguerite de Langlois. Quatre auteurs donnent ce nom : ce sont Beausnier, de la Borde et Béquiller, Dutemps et M. Laurens. Les deux premiers le donnent sans la particule et les deux autres avec la particule. On peut donc se regarder comme fixé sur ce point, mais l'obscurité est complète sur la question de savoir ce qu'était la famille dont elle portait le nom. D'après la Chenaye des Bois et Berdier, *Dictionnaire de la noblesse,* beaucoup de familles de ce nom auraient été possessionnées en Normandie et en Picardie. Marguerite appartenait-elle à une de ces familles? On n'en sait rien. Marguerite est incontestablement une gloire. Espérons qu'elle sera revendiquée un jour par quelque noble maison.

II.

Son pays natal.

Beaucoup d'auteurs font Marguerite d'origine anglaise, entre autres, Dumoustier, Castellan, le *Journal des Saints de l'ordre de Cîteaux,* le *Gallia Christiana,* Beaudraud, Beausnier, le *Calendrier de Dijon* et Godescard.

Je viens de dire que presque toutes les familles qui portaient le nom de Langlois, habitaient la Normandie et la Picardie. Ces familles n'étaient-elles pas venues d'Angleterre? Notre Sainte n'appartenait-elle pas à une de ces familles? L'affirmation de toutes ces questions ne serait peut-être pas hasardée.

Henriquez paraîtrait d'un avis contraire à celui de la plupart des auteurs. Dans son *Ménologe,* à la table des Saints par nation, il place la Bienheureuse Marguerite parmi les Saints français.

Il est facile de concilier la manière de voir du savant cistercien avec celle des autres auteurs. Marguerite peut être issue d'une famille anglaise, naturalisée en France.

Je ne parle pas de l'origine que lui donne la *Vie* manuscrite. On sait la confiance que mérite cette œuvre.

III.

Epoque de son existence à la Séauve.

L'*Année cistercienne* place l'existence de Marguerite à la Séauve vers l'an 1400. L'auteur dit, en marge : *versus annum* 1400. Il est aisé de voir que cette date n'est donnée qu'approximativement.

Vincent de Beauvais, qui parle d'elle, étant mort en 1260, il est hors de doute qu'elle vivait avant cette époque. Malgré la fausse date qu'il assigne au fait qu'il raconte, Marguerite pouvait vivre encore au moment où il mourut. Le monastère de la Séauve n'ayant été fondé que vers les premières années du treizième siècle ou tout au plus vers les dernières années du douzième, le fait raconté par l'auteur ne pouvait être que récent.

Nous verrons tout-à-l'heure que Marguerite n'était

qu'une enfant quand elle fut reçue dans l'abbaye. Par tout ce que les auteurs cisterciens rapportent d'elle, on est en droit de conclure qu'elle n'était plus jeune lorsqu'elle mourut.

De toutes ces circonstances il me semble qu'on peut conclure sans témérité que Marguerite vivait dans le treizième siècle. J'accepterais donc la date donnée par l'*Année cistercienne, versùs annum 1400*. Cinquante ans plus tôt, la date fournie demeure toujours vraie, parce qu'elle n'est qu'approximative.

M. Bayon, prêtre sociétaire à Saint-Didier-la-Séauve, vient encore à l'appui de mon assertion. Dans son rapport dont je parlerai plus bas, il dit qu'on rend un culte à Marguerite de la Séauve depuis plus de cinq siècles. Or, il écrivait en 1732 : Si on retranche les cinq siècles, on arrive vers le milieu du treizième.

IV

Son âge lorsqu'elle entra dans l'abbaye.

Elle était fort jeune lorsqu'elle fut reçue dans le monastère. Ce fut, dit Henriquez, *dès la* première fleur de sa jeunesse, *a primævo juventutis flore*. L'*Année cistercienne* ne parle pas autrement, quoiqu'en d'autres termes : *Elle fut pieusement élevée dans cette sainte retraite dès les années de sa première innocence, a primæ innocentiæ annis in sacro gynæceo pie educata.* Les auteurs de la *Gaule chrétienne* ne veulent pas faire entendre autre chose, quand ils affirment qu'avant d'être religieuse, elle avait été élève du monastère, *ejus quondam cœnobii alumna.*

Il semble qu'on est en droit de conclure qu'elle n'avait guère que dix à douze ans et peut-être moins, lorsque sa famille la confia aux pieuses filles de Cîteaux. Enfant docile aux leçons qui lui furent données, aux exemples édifiants dont elle fut témoin, elle contracta, de bonne heure, des habitudes d'ordre et de piété. A l'abri des dangers du monde et des plaisirs du siècle, elle sut garder son cœur pur et exempt de toute affection terrestre. Les douceurs du cloître, les charmes de l'innocence qu'elle avait seuls connus, furent aussi les seules joies dont elle voulut jouir. Tout entière à Dieu, elle se sépara du monde et se donna à la religion sans hésitation comme sans regret. Nous verrons combien son sacrifice fut parfait alors.

V

Fonctions de Marguerite à la Séauve.

Elle y exerça les fonctions de sacristaine. Jean-Marie de la Mure, le *Calendrier de Cîteaux*, Philippe Seguin, le *Chronicon cisterciense*, l'*Année cistercienne* et dom Chalamot l'affirment de manière que le doute ne soit pas permis sur ce point.

L'*Année cistercienne* nous apprend, en outre, que le soin de la chapelle et des ornements sacrés ne lui fut confié par l'abbesse qu'afin qu'il lui fût plus facile de satisfaire sa piété envers l'auguste sacrement de nos autels. D'après Philippe Seguin, elle ne se serait chargée de cet emploi qu'avec la plus grande humilité. Elle s'en croyait indigne, elle qui cependant le méritait à tant de titres.

On peut voir dans les auteurs que je viens de citer comment elle s'acquittait de sa charge. Animée de la foi la plus vive envers le Dieu eucharistique, elle tenait dans la propreté la plus exquise tout ce qui servait à l'oblation sainte. Les linges, les vêtements sacrés étaient, de sa part, l'objet de tous ses soins et de toute sa sollicitude. Elle eut eu honte et eut regardé comme un crime pour elle que la maison de Dieu n'eût pas été dans un état décent.

Marguerite doit être donnée comme un modèle à tous ceux qui sont appelés, de près ou de loin, à exercer les fonctions qu'elle exerça elle-même dans son cloître. Qui ne lui adressera pas la belle prière que lui fait l'auteur de l'*Année cistercienne : Apprenez-moi à traiter les divins mystères avec des mains et un cœur purs; car ce Dieu, auteur de la pureté, ce Dieu qui scrute les cœurs et les reins, abhorre les moindres souillures. — Doce me puris manibus et corde divina mysteria tractare, nam et minimas sordes aversatur ille puritatis amator, ille scrutans corda et renes Deus.*

VI

Vertus qui ont le plus brillé en Marguerite.

Elle brilla de tout l'*éclat des vertus,* dit dom Chalamot. Toute de Dieu, absorbée par la pensée de Dieu, une seule sollicitude occupait son âme entière. Elle voulait, par une vie sainte, par une vie exempte de toute tache, mériter d'aller aux cieux. Pourquoi ne nous est-il pas donné de retracer cette vie dans toutes ses phases? C'est avec regret qu'on se voit forcé, faute de documents, de ne l'esquisser que dans ses points les plus saillants. Les auteurs se taisent sur bien des choses. On ne peut faire ressortir que ce qu'ils disent. Les âmes éminemment chrétienne devineront assez le reste.

1° *Patience à toute épreuve dans les afflictions et dans les maladies dont elle fut atteinte.*

On sait ce que Vincent de Beauvais dit à ce sujet. La tradition, qui s'est conservée jusqu'à nos jours et qui a été constante dans tous les âges, va encore plus loin. A un moment de sa vie, ainsi que l'a raconté l'auteur cité (p. 7), elle serait devenue comme un objet d'horreur pour ses compagnes. Méprisée à cause de ses infirmités, chassée du monastère, elle aurait été obligée d'errer dans les campagnes voisines et forcée de se réfugier dans les maisons hospitalières des environs. Au milieu de ces épreuves, elle n'aurait jamais montré que la plus grande résignation, le calme le plus parfait et une confiance sans bornes en Dieu. Elle avait compris ces deux maximes évangéliques que les âmes même pieuses oublient trop souvent peut-être : — *Que celui qui veut me suivre se renonce à lui-même et qu'il porte sa croix. — Bienheureux ceux qui souffrent, parce qu'ils seront consolés.*

2° *Chasteté rare.*

Elle eut le bonheur de consacrer à Dieu sa virginité, dès les premières années de son âge, *a primæ innocentiæ annis.* Elle était innocente quand elle fut introduite dans le couvent, elle l'était encore quand elle rendit son âme à Dieu. Par sa circonspection, par sa vigilance de chaque jour, elle avait su obtenir sur ses sens un empire presque absolu. C'est par les organes qui mettent l'âme en rapport avec les objets extérieurs que la chasteté reçoit les atteintes les plus dangereuses. La sienne n'en éprouva pas la moindre souillure. Elle était si pure dans son corps et dans son âme *qu'on aurait pu l'ajouter, comme dixième, aux neuf nymphes*, sous le nom de Pureté.

3° *Foi la plus vive envers le sacrement de l'autel.*

Les fonctions de sacristaine ne lui furent confiées que pour qu'il lui fût plus facile de satisfaire les sentiments de piété que lui inspirait sa foi envers l'Eucharistie. Son cœur, son esprit, toutes les facultés vives de son être n'étaient à l'aise que lorsqu'elle se trouvait aux pieds des autels. *Ni la faim, ni la soif, ni le froid, ni le sommeil ne pouvaient l'en arracher*. Nous avons vu avec quel soin elle traitait les choses de la maison de Dieu ; c'était la foi la plus ardente, la dévotion la plus vive qui l'animaient dans l'accomplissement de sa charge. Elle ne voyait là qu'un devoir à remplir ; c'était un vrai besoin pour son cœur. Qui nous dira tous les soupirs qu'elle exhala, toutes les larmes qu'elle répandit, toutes les joies dont son cœur fut inondé auprès de son divin Maître? Les âmes qui croient, qui sentent, sauront assez s'en faire une idée et le comprendre.

4° *Détachement parfait des choses d'ici-bas.*

Ce fut par mépris des plaisirs et des honneurs du monde, dit Philippe Seguin, *qu'elle quitta le siècle et se condamna aux horreurs du cloître.*

Presque continuellement occupée des choses divines, dit à son tour dom Chalamot, *son cœur ne soupirait qu'après le ciel.*

Henriquez ne parle pas autrement : *Tout entière aux choses divines, elle s'efforça de s'attacher à son Epoux par son amour et la pureté de son esprit.*

Marguerite ne touchait donc la terre que par son corps; son âme entière était aux cieux. Se regardant ici-bas comme dans un lieu de pèlerinage et d'exil, tous ses soupirs étaient pour la patrie céleste.

VII

Don des miracles.

Remarquable par l'éclat de ses miracles, miraculorum gloriâ. L'accord des écrivains sur ce point est à peu près unanime. Je me borne à rappeler ce qu'ils en disent. Je rapporterai aussi ce qu'en pensent les populations du Velay.

Les savants bénédictins de la *Gaule chrétienne* sont formels ici. Ils affirment que des miracles s'opèrent, chaque jour, sur le tombeau de sainte Marguerite : *Apud quem,* disent-ils, *patrantur crebra in dies miracula.*

Le *Calendrier de Dijon* n'est pas moins catégorique ; voici ce qu'il dit : *Sainte Marguerite de la Séauve a éclaté par la sainteté de sa vie et par plusieurs miracles qui lui ont donné rang parmi les Saints de son ordre.*

Godescard ne parle pas autrement : *On visite sa châsse avec une grande dévotion et on assure qu'il s'y est opéré un grand nombre de miracles.*

Odo de Gissey dit la même chose....... *Sainte Marguerite qui, de présent, est tant reclamée à la Séauve et au tombeau de laquelle se font ordinairement des miracles.*

Henriquez constate qu'elle est regardée comme *vénérable par tous, parce qu'elle a brillé du don des miracles pendant sa vie et après sa mort.*

Elle fut gratifiée des honneurs célestes, dit l'*Année cistercienne, après avoir brillé ici-bas par ses mérites et ses miracles.*

Don Chalamot affirme que ses *ossements furent*

tirés autrefois de la terre à cause des miracles insignes qui se produisirent, et exposés, dans un lieu élevé, au culte du peuple fidèle.

Il serait superflu de citer les autres écrivains qui donnent la même affirmation. Il y a unanimité de leur part.

Si nous consultons les populations du Velay, elles publient, d'une commune voix, la gloire de Marguerite sous ce rapport. L'empressement qu'elles mettent, depuis des siècles, à visiter les lieux de pèlerinage qui ont son culte pour objet, les *ex-voto* suspendus aux murailles de la petite chapelle de la Séauve, les pratiques pieuses qui existent en son honneur dans diverses localités, sont des preuves non équivoques de leurs convictions profondes à ce sujet. Tout cela n'aurait certainement pas lieu si elles ne croyaient pas à la puissance dont jouit auprès de Dieu la Bienheureuse Marguerite. Cette conviction se serait-elle maintenue pendant des siècles, si aucun fait surnaturel ne s'était jamais produit ? Ce n'est pas croyable, surtout si on tient compte de l'affirmation unanime des écrivains.

VIII

Restes mortels de Marguerite.

Il est incontestable que ces restes mortels étaient autrefois dans l'église du couvent. Il ne me semble pas inutile d'en donner les preuves :

1° La table de marbre que l'on voit encore et qui se trouvait sur la tombe de Marguerite, à la chapelle de la Séauve ;

2° Affirmations formelles à ce sujet données par Odo de Gissey, Jean-Marie de la Mure, le *Gallia Christiana*, l'*Histoire générale du Languedoc* et dom Chalamot ;

3° Note rapportée par la *Gaule chrétienne* et que nous avons déjà citée ;

4° Constatation de l'existence de son corps parmi les reliques de l'abbaye, faite en 1658, par deux religieux de l'ordre de Cîteaux.

Il est pareillement certain que ces restes, d'abord ensevelis dans la terre, en furent tirés plus tard, à une époque qu'il est impossible de déterminer *et exposés, dans un lieu élevé, au culte du peuple fidèle*. C'est ce que dit dom Chalamot. Les religieux qui firent la vérification dont il vient d'être question, mettent parmi les reliques vérifiées le corps de sainte

Marguerite, et ajoutent que toutes ces reliques furent, ou placées dans quatre reliquaires, ou laissées dans les coffres qui les contenaient toutes auparavant.

Qu'est devenu ce trésor précieux que nous serions si heureux de posséder aujourd'hui? Les démolisseurs de 93 ont passé par là. Il n'allait pas à leurs principes anti-chrétiens de conserver ces restes, *objet de la superstition des peuples.*

Consolons-nous, néanmoins. Tout n'est pas perdu. La pieté des fidèles avait su, avant la destruction opérée par les révolutionnaires, soustraire une fraction assez considérable du corps de Marguerite. Cette parcelle est conservée dans un reliquaire, à l'église paroissiale de Saint-Didier-la-Séauve. On dit même qu'elle n'est pas là sans une certaine permission de l'autorité diocésaine. On affirme pareillement que la paroisse de Saint-Maurice-de-Lignon possède aussi un fragment de ces restes mortels.

Je dois dire que rien de ce qui a appartenu à Marguerite ne se trouve derrière la plaque de marbre que l'on voit à la petite chapelle du monastère. L'épitaphe qu'elle porte est entièrement fausse aujourd'hui. Des fouilles ont été pratiquées et rien n'a été découvert.

CHAPITRE TROISIÈME

Monuments locaux qui attestent la dévotion des peuples du Velay à la Bienheureuse Marguerite de la Séauve.

I

Testament de Gulote, fille d'Alexandre de Saint-Didier et d'Agnès du Chayla, 1373.

Elle fonde quatre anniversaires qui doivent se célébrer, chaque année, au monastère de la Séauve et dont le dernier doit avoir lieu le lendemain de la fête de sainte Marguerite, vierge. Or, quelle pourrait être cette sainte Marguerite, simplement vierge, sinon celle dont nous parlons? (Note C, p. 98.)

II

Testament de Claude du Villars, seigneur du Villars, 19 mars 1587.

Le testateur veut et demande que son corps soit enseveli en la chapelle de Sainte-Marguerite-de-la-Séauve.

(M. Fraisse, curé de Monistrol.)

III

Rapport manuscrit de M. Bayon, prêtre sociétaire à Saint-Didier-la-Séauve, 1732.

Ce rapport, relatif à un procès qui s'était élevé entre les prêtres sociétaires et le curé de Saint-Didier, existe aux archives de la cure de cette paroisse. Dans son préambule, l'auteur, après quelques mots sur le monastère de la Séauve, parle de Marguerite. Voici ce qu'il dit : « Sainte Marguerite, que « la voix du peuple a canonisée depuis plus de cinq « siècles, y attire, toutes les années, un grand « nombre de pélerins. »

C'est une société toute entière qui parle par l'intermédiaire de son rapporteur. Les paroles citées ont donc une valeur spéciale. Par là se trouve constatée l'opinion qu'on avait dans le public sur sainte Marguerite.

IV

Monitoire envoyé à tous les prêtres du diocèse du Puy en 1662.

L'original de ce *Monitoire* se trouve aux archives de l'hôpital de Saint-Didier-la-Séauve. Il fut adressé le 8 janvier 1622, par messire Arcis, vice-official du Puy, aux recteurs, curés et prêtres de notre diocèse et devait être lu dans toutes les églises paroissiales. Or, dans ce *Monitoire*, pour préciser l'époque où un fait eut lieu à la Séauve, on dit : « Que ce *Monitoire* « est porté contre tous ceux qui savent, pour avoir « vu et entendu dire que la nuit du 3 janvier, fête « de sainte Marguerite de la Séauve, certains per- « sonnages furent, etc., etc. »

L'autorité diocésaine savait donc que la fête de Marguerite se célébrait à la Séauve, et par là il se trouve évidemment constaté qu'un culte public lui était rendu au vu et au su des supérieurs compétents.

(M. Fraisse, curé de Monistrol.)

V

Plaque en cuivre.

Elle est conservée dans la chapelle de la Séauve et porte, gravée, l'inscription suivante :

« Les présentes sont pour attester, comme les habitants du château, les habitants des Paulins et « des Mures ont, lors de la grande peste de 1628 et « 1629, fait vœu de célébrer la fête de sainte Marguerite de la Séauve, à perpetuité, et quoique « tout le voisinage en fût infesté, ils en furent « entièrement préservés par les mérites de cette « Sainte. »

VI

Plaque en marbre.

On la voit aussi à la Séauve et on y lit : « Ci-gît le « corps de sainte Marguerite, religieuse de l'abbaye « de la Séauve. »

VII

Pieux usage en l'honneur de sainte Marguerite.

Il se pratique surtout à Monistrol, et consiste à revêtir d'un habit blanc les enfants qui sont atteints de certaines affections maladives et que l'on voue à sainte Marguerite de la Séauve. « On nous « présente quelquefois, dit M. le curé de Monistrol, « des robes en laine blanche qu'on nous prie de bé- « nir, et qui doivent être portées par de jeunes « filles ou par de jeunes garçons, en l'honneur de « sainte Marguerite de la Séauve. Je crois que nos « bons paroissiens seraient fort étonnés, même un « peu scandalisés, si nous ne donnions pas cette bé- « nédiction, reste d'une pieuse coutume, autrefois « bien générale, nous a-t-on assuré. » (*M. le curé de Monistrol.)*

VIII

Statue en pierre.

Dans la chapelle du château du Flachat, qui a appartenu aux familles de Béjet et de Charbonnel, lesquelles ont fourni plusieurs doyens au chapitre du Puy, il y avait une statue en pierre, représentant la Bienheureuse Marguerite, avec la robe blanche de l'ordre de Cîteaux. Cette statue existe encore aujourd'hui dans la maison de M. Jean-Louis Souvignet, aux Ages, près Monistrol. *(M. le curé de Monistrol.)*

IX

Chapelle en l'honneur de sainte Marguerite de la Séauve, à Saint-Maurice-de-Lignon.

Elle fut érigée par les soins et aux frais de la noble et illustre famille de La Tour-Maubourg, sur un terrain qui lui appartenait. Sa bénédiction eut lieu le 9 mai 1729. L'autorité locale avait eu soin d'obtenir préalablement la permission de l'abbé de Béjet, doyen de la cathédrale. Furent présents à la cérémonie, entre autres, MM. Tollin, curé; Davenas, prêtre fiscal et Bouchet, vicaire.

En 93, elle fut détruite par les démagogues. Sa restauration ne s'est opérée qu'en 1851. Je transcris textuellement l'acte qui constate la nouvelle bénédiction qui eut lieu :

« L'an 1851 et le 6 octobre, nous soussignés, Jean-
« Claude Souvignet, curé de la paroisse de Saint-

« Maurice-de-Lignon, spécialement délégué par « Mgr l'Evêque, pour bénir la chapelle de Bouil- « lon, construite aux frais de la noble famille de La « Tour-Maubourg, sous le vocable de sainte Mar- « guerite de la Séauve, avons procédé à cette céré- « monie, conformément à ce qui est prescrit dans le « Rituel, en présence de MM. César de Fay de La « Tour-Maubourg, marquis; Jean Bruyère, des « Chabaneries, Joseph Gueyton, Jean-Claude Mu- « tuon, Maurice Gidon et Jacques Jourda, de Cu- « blaise, lesquels ont signé avec nous. »

Selon la tradition accréditée à Saint-Maurice et dans les environs, sainte Marguerite aurait passé par là et se serait reposée auprès d'une fontaine encore existante. Ce pèlerinage est très-fréquenté, surtout pendant l'été. On boit de l'eau de la fontaine et on s'en frotte les membres affectés.

X

Chapelle de la Séauve.

Il ne peut être question de l'ancienne chapelle qui avait servi à l'usage des Cisterciennes. Il ne reste rien de ce monument qui était *vaste* et *beau*, d'après les auteurs de la *Gaule chrétienne*. Il fut démoli de fond en comble par Bonnet de Treiches, conventionnel, dès qu'il en fut possesseur. Il ne s'agit que du petit oratoire qui existe de nos jours.

Sa construction est due à M. Royer, de Saint-Etienne et eut lieu en 1825. On le bénit en 1832. Comme le précédent, il est sous le vocable de sainte Marguerite de la Séauve et un lieu de pèlerinage très-fréquenté.

XI

Tableaux représentant sainte Marguerite de la Séauve.

Il en existe quatre, un à l'église paroissiale de Saint-Didier, un autre à la petite chapelle de la Séauve, deux à l'église des Pénitents. Ces quatre toiles sont sans nom d'auteur et sans date. Elles représentent les circonstances principales de la vie de la Bienheureuse Marguerite. On voit sur l'une son entrée à la Séauve; une autre représente une extase; la troisième rappelle un fait merveilleux qui n'est relaté dans aucun auteur, mais qui est arrivé à la postérité par la tradition. Il s'agit d'un orage qui éclate sur le monastère, de suite après l'expulsion de Marguerlte, tandis que le soleil brille dans tous les alentours. La tradition voit dans ce fait une punition de Dieu exercée contre les religieuses du couvent qui avaient chassé Marguerite, à cause de ses infirmités. On voit enfin, sur la quatrième, son entrée au ciel.

XII

Fontaines sous le vocable de sainte Marguerite de la Séauve.

1° Fontaine au-dessus de la Séauve, sur le versant nord.

On ne sait à quelle époque on l'a entourée de murs et construit le tout petit oratoire qui lui est superposé. C'est là que les pèlerins se rendent après leur visite à la chapelle de l'abbaye. Le peuple croit que l'eau de la fontaine a la vertu de faire disparaître les gales et les autres éruptions cutanées. La croyance que Marguerite, chassée du couvent, se serait retirée auprès de cette fontaine et aurait été guérie en s'y lavant, est très-vive encore dans les environs.

2° Fontaine dans la paroisse d'Yssingeaux, près du pont de la Sainte.

C'est à peu près la même chose qu'à la Séauve. Une fontaine et un pauvre oratoire au-dessus, avec une statue plus pauvre encore. On y vient de tous les lieux circonvoisins.

Je ferai remarquer cette dénomination de *Pont de la Sainte*, que beaucoup croient être la véritable, contrairement à quelques-uns qui disent : *Pont de l'Enceinte*. Cette dernière est inexplicable; la première s'explique par le passage de Marguerite dans ces parages. Le pont aurait été dénommé ainsi en commémoraison de ce voyage. On dit aussi qu'une petite niche pratiquée sur l'ancien pont renfermait une statue de sainte Marguerite de la Séauve.

3° Fontaine à Saint-Maurice-de-Lignon.

Elle est tout près de la chapelle érigée en l'honneur de Marguerite et l'objet du même culte. Il serait difficile de dissuader les fidèles de la vertu que possède l'eau de cette source.

XIII

Pierre de Sainte-Marguerite.

Elle se voit à la Brosse, près de Tence. Les populations se rendent à cette pierre comme à une espèce de pèlerinage. C'est notre héroïne qu'ils vont vénérer dans ce lieu.

XIV

Tradition particulière conservée dans la famille de Charbonnel, de Monistrol-sur-Loire.

Voici cette tradition, telle que je la trouve rapportée dans une note de l'ouvrage de M. H. de Chabron : *Notre pays et notre mère*, page 101. (Note D, p. 99.)

« Quand l'infortunée Marguerite fut, pour cause « de maladie, chassée de son couvent, elle s'en « vint, errante, demander l'hospitalité dans le châ- « teau du Betz, au voisinage de Monistrol. Les « maîtres de ce château, qui avaient le cœur bon et « charitable, accueillirent, comme ils le devaient, « la sainte religieuse et lui donnèrent une chambre « pour y prendre son sommeil. Or, il arriva que, « pendant cette nuit, la dame châtelaine mit au « monde un joli enfant et fut promptement délivrée « de tout péril et de toutes douleurs. Ce qu'ayant « vu, le maître de la maison alla, de grand matin, « en donner nouvelle à la servante de Dieu, ne « doutant pas que son épouse ne dût à ses prières « son heureuse délivrance. Sainte Marguerite lui « avoua qu'elle avait, en effet, prié toute la nuit, « que l'Ange de Dieu lui avait apparu pour l'avertir

« de cet événement, et lui avait promis que, dé-
« sormais, en récompense de son hospitalité, les
« filles de sa maison seraient heureuses dans leurs
« couches. »

XV

Fête de sainte Marguerite de la Séauve.

D'après le monitoire dont il a été question, il est incontestable qu'elle se célébrait à la Séauve, le 3 février.

Henriquez, dom Chalamot, le *Calendrier de Cîteaux* la fixent au 13 des calendes d'août, date qui répond au 20 juillet.

L'*Année cistercienne* et le *Journal des Saints de Cîteaux pour l'abbaye de Tart,* la donnent pour le 24 juillet.

Cette divergence s'explique. Les deux derniers ouvrages ne parlent de la fête que pour l'abbaye de Tart. Elle pouvait se célébrer ce jour-là dans ce monastère, quoiqu'elle se célébrât ailleurs un autre jour.

Pour ce qui regarde la Séauve, il est certain qu'on y honorait publiquement et solennellement sainte Marguerite et le 3 janvier et le 10 juillet. Les vieillards parlent surtout de celle qui avait lieu à cette dernière époque. Il est très-probable que c'était là et l'anniversaire de sa mort et celui de la translation de ses restes mortels.

On dit que des paroisses entières se rendaient en procession à la Séauve, au 20 juillet. Cette assertion me paraît gratuite; du moins, m'a-t-il été impossible d'en trouver une trace quelconque. Une seule chose est prouvée, c'est que, ce jour-là, le concours des populations était considérable.

Depuis la fermeture des couvents, en 93, il n'est plus question de ces fêtes ; soit à cause de la dispersion des religieuses et de la destruction de l'église du monastère, soit à cause de la perte des restes mortels de Marguerite.

Il y aurait à examiner si ces fêtes se célébraient légitimement et avec l'autorisation de l'autorité compétente. Pour mon compte, je ne puis croire qu'il n'y ait eu là que de l'arbitraire.

Ces fêtes ne reviendront-elles pas? Elles reviendront, si on le veut et si on y met du zèle.

APPENDICE

Touchant la Bienheureuse Marguerite, les questions intéressantes, entre toutes, sont, sans contredit, celles de savoir jusqu'à quel point est légitime le culte qui a été rendu jusqu'ici à notre illustre Cistercienne, et s'il n'y aurait pas possibilité d'en obtenir la légitimation de la part de l'autorité compétente.

Un culte privé, dit un auteur, un culte qui se borne à l'opinion des mérites des Saints et de leur bonheur, au respect pour leurs vertus, à la confiance à leurs prières, ne peut être interdit; on le rend, dès cette vie même, aux serviteurs de Dieu qui se distinguent du commun des fidèles par une conduite exemplaire. Tout le monde convient assez, ajoute-t-il, qu'on peut, en quelque sorte, laisser un libre cours à la dévotion du peuple chrétien, qu'il suffit de s'opposer ou modérer le zèle aveugle et de réprimer la présomption.

« Je soutiens, dit Bellarmin, répondant aux ob-
« jections que sa doctrine, à cet égard, avait soule-
« vées, je soutiens toujours que les simples fidèles
« peuvent, en particulier, regarder comme Bienheu-
« reux ces serviteurs de Dieu, c'est-à-dire, les es-
« timer dignes des honneurs de la canonisation, et,
« en ce sens, leur donner même le titre de Saints;
« qu'on peut être pénétré pour eux de la vénération
« qu'inspire la sainteté ; qu'on peut, dans ses be-
« soins, les invoquer avec confiance et solliciter
« leur intercession auprès de Dieu; qu'il est permis
« de célébrer une espèce de fête ou de réjouissance,
« le jour de leur mort; permis enfin de garder leurs
« images avec dévotion, et de conserver leurs reli-
« ques avec décence, mais hors des lieux sacrés. »

Il est donc hors de doute qu'un culte particulier, restreint dans les limites assignées, a pu être rendu légitimement à la Bienheureuse Marguerite de la Séauve et qu'on peut le lui rendre encore; il ne peut y avoir de contestation sur ce point. La contestation n'est pas plus permise quand il s'agit de savoir si notre Sainte a pu être légitimement l'objet d'un culte plus étendu, d'un culte constituant ce qu'on appelle le culte public et ecclésiastique. La légitimation d'un culte de cette espèce ne peut venir que de la canonisation ou de la béatification.

La canonisation est le jugement que prononce l'Eglise sur l'état d'un fidèle, mort en odeur de sainteté et après avoir donné, pendant sa vie, des marques éclatantes de ses vertus par des miracles et autrement.

On attendait autrefois la célébration d'un concile pour canoniser les Saints. Le pape Urbain II déclare dans une de ses lettres, qu'il faut des miracles attestés par des témoins oculaires et le consentement d'un Concile général ; mais cette coutume est abolie ; le Pape prononce seul la sentence ; il est vrai que le consistoire général tient, en quelque sorte, lieu des anciens conciles, puisqu'on y prend les avis de tous les évêques qui se trouvent dans la capitale du monde chrétien.

Il est hors de doute que jamais un jugement de ce genre n'a été prononcé sur la Bienheureuse Marguerite de la Séauve.

La béatification est l'acte par lequel le Souverain Pontife déclare, au sujet d'une personne dont la vie a été sainte, accompagnée de quelques miracles, etc., etc., qu'il y a lieu de penser que son âme jouit du bonheur éternel et, en conséquence, permet aux fidèles de lui rendre un culte religieux.

La béatification est une espèce de permission provisoire, restreinte, par sa nature, à l'étendue des lieux ou à la qualité des personnes. Les serviteurs de Dieu reçoivent, en conséquence de ce jugement, le titre de Bienheureux ; une ville, une province, un ordre, un diocèse peuvent alors les honorer sous ce nom ; quelquefois on approuve un office particulier qui ne se récite qu'en particulier, sans préjudicier à celui du jour.

Il est impossible de prouver que notre Cistercienne ait été béatifiée. Si l'on fait attention, cependant, à tout ce qui s'est fait en son honneur, on ne comprend pas qu'il n'y ait pas eu une permission quelconque.

Outre la béatification dont je viens de parler, il y a encore ce qu'on appelle les *cas privilégiés*. Lorsque des serviteurs de Dieu sont en possession d'un culte public, par un indult du Pape, par une permission de la Congrégation des Rites, par le consentement de l'Eglise universelle, par l'autorité des Pères et des écrivains ecclésiastiques, ou enfin par une *tradition immémoriale ;* cet usage, qui forme en leur faveur un titre de prescription, s'appelle *Béatification æquipollente.* On peut dire que la *Béatification æquipollente* n'est pas autre chose que l'approbation, par l'autorité compétente, des procédures qui ont lieu pour constater le cas privilégié.

La seule chose à examiner par rapport à sainte Marguerite, est celle-ci : *N'y a-t-il pas cas privilégié pour elle ?* Sans me prononcer sur cette question, qui intéresse à un haut degré les prêtres et les fidèles du Velay, je me bornerai à relater les démarches qui ont été faites dans ce sens. A mon avis, l'affaire est dans une voie excellente. Il y a de graves raisons d'espérer une réussite complète.

En 1857, une première démarche fut faite par Mgr de Morlhon, auprès de la sacrée Congrégation des Rites. La demande fut présentée par Mgr Baillès, ancien évêque de Luçon, le 27 avril. On proposait, au 3 février, de faire mémoire de la B. — *Commemoratio B. Margaritæ, virginis non martyris.*

La supplique constate qu'aucun des Saints *propriè Anicienses* ne se trouve dans le *Martyrologe romain,* et en donne la raison. Il paraît que lorsque le Saint-Siége eut décidé de faire le Martyrologe, il fut écrit à tous les évêques de l'univers, afin que chacun recueillît les noms des Saints honorés dans les divers diocèses. Or, l'Evêque du Puy ayant envoyé trop tard son libelle, *suum libellum,* les Saints *propriè Anicienses* ne purent être inscrits dans le catalogue général. Après cette explication, la supplique parlait des Saints omis dans le *Martyrologe* et dont Monseigneur voulait le culte dans son diocèse.

Voici ce qu'il y avait concernant sainte Marguerite de la Séauve :

« Cultus Beatæ Margaritæ, virginis, XII seculo
« florentis legitimitas probatur :

« 1° Ex testimoniis tùm *Galliæ Christianæ*,
« p. 777, col. 1, in quâ hæc leguntur : In Ecclesiâ
« Silvæ Benedictæ quæ ampla est et decora visitur
« B. Margaritæ tumulus hujusce quondam cœnobii
« alumnæ, ad quam patrantur crebra in dies mira-
« cula ; tum Godescard, *Vies des Saints*, 3 février,
« tome III, p. 46, qui sic habet : On garde son
« corps au diocèse du Puy..... On visite sa châsse
« avec une grande dévotion et l'on assure qu'il s'y
« est opéré plusieurs miracles.

« 2° Ex monumentis, nempè tùm ex altaribus ipsi
« dicatis, in quibus repræsentatur in extasim rapta,
« tùm ex sacellis ejus nomine insignitis, permittente
« Ordinario.

« 3° Ex traditione ; nam in omnium ore laus
« ejus est ex Patrum traditionibus in omni circum-
« circà regione et ideo ad tumulum ejus et ad
« loca ad ipsam pertinentia, indequaque concurrere
« mos est. »

La leçon fournie pour le *Bréviaire* était la suivante :

Lectio IX.

Margarita, quam alii in Angliâ, alii autem in Hungariâ et quidem de stirpe regiâ oriundam esse tradunt, in duodecimo florens sæculo, præ amore

Christi loca sancta cum matre invisit, ibique aliquandiu commorata est, mysteriorum quæ ibi completa sunt memoriæ ac imitationi toto animo vacans, sed instante persecutione navem adire coacta, in Hispaniæ oras delata est : unde cùm ad limina Beatæ Virginis de Monte-Ferrato, et postea, ut tunc moris erat, Anicium venisset, ad ejusdem Virginis basilicam, tandem apud moniales Silvæ Benedictæ, in diœcesi Aniciensi se recepit, ibique piissime vixit et beato fine quievit. Tantam autem sanctitatis famam sibi superstitem reliquit, ut tumulus ejus in ecclesiâ monasterii positus undequaque a populis visitetur, annuente Deo per multa miracula. Hinc Beatæ titulo cognominari consuevit, ipsique dicata sunt non tantùm altaria sed et sacella adhuc ejus nomine insignita. Igitur in postulationibus Josephi Augusti Victorini, Aniciensis episcopi, ejusque cleri, indulsit Sancta Sedes hujus piam memoriam in totâ diœcesi Aniciensi, inter publicas preces speciali cultu consecrari.

On voit que cette leçon est basée tout entière sur la *Vie* manuscrite que j'ai appréciée aux premières pages de l'opuscule. Il sera aisé au lecteur de comprendre la valeur historique qu'elle peut avoir.

La demande fut rejetée et il ne put être question, dans le Propre du diocèse, de la Bienheureuse Marguerite de la Séauve.

Au dossier du Propre du Puy, qui se conserve à Rome et dont j'ai une copie pour ce qui regarde sainte Marguerite de la Séauve, ces mots : *Commemoratio B. Margaritæ, virginis non martyris*, sont biffés, sans aucune observation ; la leçon est croisée du commencement à la fin. Monseigneur Capalti, secrétaire de la Sacrée Congrégation, a écrit, en marge, ces trois mots : *Hæc commemoratio expungatur*.

Une nouvelle supplique a été adressée à Rome par Mgr Lebreton, dans le courant de l'année 1870. Elle était basée sur la plupart des documents qui précèdent. Je m'abstiens de la donner dans son entier et dans ses termes, d'autant plus que, sur certains points, elle serait autrement motivée aujourd'hui qu'elle l'a été la première fois. Je me borne simplement à donner la légende, parce que, à mon avis, elle n'aurait besoin d'aucune modification. Cette légende devrait former les trois leçons du second Nocturne.

In secundo Nocturno. (Ex monumentis historicis infrà citandis.)

Lectio IV.

Beata Margarita, a primævo juventutis flore, divinâ gratiâ præventa, virginitatem suam sub instituto cisterciensi Domino consecravit, contemptisque voluptatibus et hujus sæculi honoribus, ut

Christo, regi sponso, jungeretur, cœnobium Silvæ Benedictæ in Podiensi diœcesi petiit. Ibi divinis laudibus ac devotis precibus mirum in modum intenta Deo per amorem et puritatem spiritûs adhærere constantissimè studuit, ac omni virtutum decore refulsit, ita ut sanctitate vitæ omnibus venerabilis habebatur.

Lectio V.

Tantum in exteriores corporis sensus imperium obtinuit ut per portas illas nihil etiam minimum admiserit quæ illibati pudoris integritas aliquâ maculâ potuisset aspergi. Hinc virginis filius, cui se in sponsam pene infans devoverat, tam vehementi suæ dilectionis ardore cor suum impleverat ut nullibi suaviùs requiesceret quàm cùm, coram illo sub panis sacrati velamen recondito prostrata, inde eam nec fames, nec frigus, nec somnus revocabant.

Lectio VI.

Ut erga venerabile sacramentum pietati securiùs indulgere illi liceret, sacra suppelectilis curam munusque sacristæ abbatissa illi commendavit. Quodque officium cum humilitate suscipiens Beata Margarita domum Dei in magno honore habuit. Parietes et pavimentum scopis mundabat, mappas et altarium mantilia purgabat, persanctè sacra sacerdotum vestimenta tractabat et quidquid sibi otii subtrahere poterat orationi et lectioni totum impendebat. Unde ad tantam gratiarum coronam, Deo ita disponente, provecta est ut multis in vitâ et post mortem miraculorum donis effulserit. Magna semper fuit populorum regionum circumstantium erga sanctam Margaritam devotio. Pro sanatione morborum externorum præcipuè invocatur. Vixit et sanctissimè obiit in decursu decimi tertii sæculi.

Cette seconde démarche de l'autorité diocésaine n'a point encore obtenu de résultat définitif. D'autres mesures sont à prendre. Il est hors de doute qu'elles seront prises et il y a tout à espérer qu'elles seront couronnées d'un plein succès.

Voici la lettre écrite de Rome, au nom du secrétaire de la sacrée Congrégation des Rites, à Mgr Le Breton, le 6 juillet 1870 :

« Alme et bone domine,

« Subscriptus substitutus secretariæ sacrorum Rituum Congregationis nomine B. domini Bartolini, sacræ ipsius Congregationis secretarii hæc quæ sequuntur nota tuæ Amplitudini facit relate ad cultum servæ Dei Margarita a Silvâ Benedictâ, prout in litteris a se ad eumdem secretarium datis Romæ die II Aprilis 1870 inquirebatur.

« Documenta ad probandum allata non sunt hujusmodi ut *tutissimè* de eodem cultu possit judicium ferri ac consequenter cùm agatur de negotio gravissimi momenti quale est concessio officii et missæ ex quo indirecte etiam probatur, necesse est, quando plena non habetur certitudo ut negotium ipsum proponatur in Congregatione ordinariâ. Hæc fuit ratio ob quam anno 1851 præsul Capalti qui tunc secretarii munere fungebatur in hâc secretariâ non potuit satisfacere desiderio Amplitudini tuæ, hæc est ratio ob quam etiam præsens secretarius in eâdem remanere sententiâ cogitur.

« Verùm si Amplitudo tua velit persequi judicium apud sacram Congregationem juxta decretum novissimum hujus sacræ Congregationis cujus decreti exemplar ad te transmitto debet instruere processum cujus objectum sit probare legitime præfatæ Margaritæ cultum publicum et ecclesiasticum fuisse tributum saltem per centum annos ante tempus statutum ab Urbano VIII, quod tempus est annus millesimus sexcentesimus trigesimus quartus et hunc cultum saltem in aliquâ parte tuæ diœceseos perdurare ad hæc usque tempora. *Documenta a te exhibita, si debitâ et legali formâ producuntur, utrumque extremum evincere possunt et causa ipsa felicem exitum forte habebit.* De modo autem conficiendi prædictum processum poterit Amplitudo tua consulere : Benedictum Papam XIV in quo opere de beatificatione et canonisatione Sanctorum. Poterit etiam consulere vel archiepiscopum Senonensem vel episcopum Massiliensem quorum uterque in suâ curiâ confecit processum ad probandum cultum tum servi Dei (nunc Beati) Urbani V, tum servæ Dei Alpaïdis.

« Hæc sunt quæ prædicti secretarii nomine Amplitudini tuæ significare debebat subscriptus qui propitiam hanc nactus occasionem Amplitudini tuæ deosculatur manum seque subscribit ex secretariâ sacrorum Rituum Congregationis. »

Hac die 6 julii 1870

Almo et bono domino domino, Humilimum famulum,

Petro-Marco Le Breton, Josephum cancum Ciccolieri.

Episcopo Aniciensi.

Pour aboutir, il faut donc une procédure spéciale, à l'effet de prouver qu'un culte public et ecclésiastique a été légitimement rendu à la Bienheureuse Marguerite, au moins pendant cent ans, le temps fixé par Urbain VIII, lequel temps est l'an 1634, et que ce culte s'est maintenu dans quelque partie du diocèse jusqu'à notre époque.

Rappelons ce que dit à Monseigneur l'auteur de la lettre : « *Documenta a te exhibita,* si debitâ et legali formâ producantur, utrumque extremum evincere possunt et causa ipsa felicem exitum forte habebit. » Il est donc évident que les documents fournis, indépendamment de ceux que l'on pourra fournir encore, peuvent suffire pour prouver les deux choses exigées. Donc, bon espoir.

Il ne me semble pas sans intérêt de donner ici le nouveau décret de la sacrée Congrégation des Rites dont parle la lettre qu'on vient de lire et dont un exemplaire a été envoyé à Mgr Le Breton :

DECRETUM.

In generalibus decretis a S. M. Urbano PP. VIII editis super moderatione cultus Dei famulis præstandi, omnino præcipitur ut sive causa præcedat per viam non cultûs, sive per viam casûs excepti, particularis processus præcedere debeat unâ cum subsequenti pronuntiatione Ordinarii , seu judicis, ab apostolicâ Sede delegati, vel super cultu non exhibito vel super casu excepto. Quibus decretis diù conformis extitit S. R. C. praxis, ut patet ex ejusdem Congregationis actis. Quia etiam , prouti testatur S. M. Benedictus PP. XIV in suo opere de canonisatione Sanctorum, lib. 11. cap. XXIII, n° 10, inductum fuit ad normam eorumdem decretorum ut per particularem processum ne dùm probaretur cultûs initium, seu fundamentum casûs excepti, verùm etiam cultûs ejusdem jugis continuatio, usque ad sententiam hâc de re editam sive ab Ordinario, sive a judice ab apostolicâ Sede delegato. Subinde tamen, accedente expresso vel tacito S. Sedis consensu, judicialis illa ac legitima inquisitio intermiti cœpit, et per extrajudiciales probationes deventum est ad declarationem casûs excepti. Verùm cùm Em. Fatres sacris tuendis ritibus præpositi particularis processus confectionem valde conferre animadverterint accuratiori causarum examini, re mature perpensâ, auditoque S. Fidei promotore, hodiernis comitiis ad Vaticanum habitis, generalium decretorum tenorem ac veterem S. Congregationis praxim districtiùs in posterùm observari jusserunt. Proinde statuêre ut deinceps ad approbationem cujuslibet ex casibus exceptis non deveniatur, nisi præcesserit particularis processus tam super cultûs, seu super fundamento casûs excepti, quam super cultûs initio continuatione usque ad sententiam ab Ordinario, seu ab judice ab apostolicâ Sede delegato emanandam, quâ declararetur casum quo agitur comprehendi inter exceptos a memoratis decretis S. M. Urbani PP. VIII.

Si s. s. d. n. placuerit die 5 decembris 1868.

Facta autem per me secretarium SSmo domino nostro Pio Papæ IX relatione, sanctitas sua decretum sacræ Congregationis approbavit, ac confirmavit, typisque editum publicari præcipit die 10 ejusdem mensis et anni.

Episcopus Portum et S. Rufinæ card. Patrizi S. R. C. præfectus.

Loco ✠ signi. *Dominus* BARTHOLINI, S. R. C., *Secretarius.*

Romæ 1869. — Ex Typographiâ R. C. A.

Je ne sais si on partagera ma manière de voir; mais, je le répète, il me semble qu'un grand pas est fait déjà. Il n'est pas permis de douter qu'une nouvelle démarche sera tentée et je crois qu'elle aboutira. Nous aurons une gloire de plus dans notre Velay et l'arrondissement d'Yssingeaux, en particulier, se réjouira de pouvoir rendre enfin à la pieuse Cistercienne, qui s'est sanctifiée sur ses montagnes, un culte solennel et bien dû à ses mérites et à ses vertus.

Que mes confrères dans le sacerdoce, que toutes les âmes pieuses de nos contrées me permettent une prière! Ne pourraient-ils pas venir en aide à l'œuvre entreprise? On vient de le voir, la démonstration à faire aurait besoin de certains documents plus explicites, plus concluants encore que ceux qui ont été fournis. On serait bien reconnaissant si quelqu'un, possédant des preuves plus formelles, avait la bonne pensée d'en donner connaissance. Un fait, une coutume, un monument, un rien bien prouvé, pourraient être d'un grand secours.

ANNEXES

NOTES

Note A.

Le mot Séauve vient du mot latin *silva,* qui veut dire forêt. On disait aussi *selve, sauve.* Ce sont là des synonymes qui ont la même signification. Le monastère avait été bâti au milieu ou sur les bords d'une vaste forêt dont on voit encore de beaux restes au midi et au couchant.

Le mot *Bénite,* qui s'écrivait aussi *Benoiste,* a été ajouté au premier, dès le principe. Il était en usage déjà vers le milieu du treizième siècle. Vincent de Beauvais dit *Silva Benedicta* dans le fait qu'il raconte relativement à sainte Marguerite. Nous voyons la même dénomination dans trois reconnaissances écrites en latin. Ces reconnaissances sont des premières années du quatorzième siècle.

D'après de Lamure, *Histoire du Forez*, page 155, le mot *Bénite* aurait été ajouté à cause de la dévote abbaye... *de laquelle forêt*, dit-il, appelée, à cause de *cette dévote abbaye*, *Silva* Benedicta, c'est-à-dire, Séauve-Bénite. Les auteurs de la *Gaule chrétienne* donnent une autre origine. D'après eux, le mot Bénite aurait été employé à cause de sainte Marguerite.

On trouve *Séauve-en-Velay* dans l'*Histoire du Velay*, par Arnaud, tome Ier, page 158 et dans beaucoup d'ouvrages et de titres postérieurs à 1767, *Séauve-Claras*. Cette dernière dénomination ne commença à se produire qu'après la réunion des deux monastères qui s'effectua à cette dernière époque.

*
* *

On ne sait point d'une manière précise à quelle époque fut fondé le monastère de la *Séauve*. Les auteurs paraissent dans une ignorance complète sur ce point. M. Malègue a dit quelque part que cette abbaye fut fondée en 1228. L'*Histoire du Languedoc*, tome II, page 432, avait dit, avant lui, qu'on n'a aucun monument certain du monastère de la Séauve avant 1228. Un dictionnaire de statistique religieuse qui forme le neuvième volume de la *Nouvelle Encyclopédie religieuse*, publiée par M. Migne, affirme que le couvent de la Séauve fut fondé avant l'époque citée par les autres auteurs.

Nous devons aux savantes recherches du révérend Père Fita, de la compagnie de Jésus, de la maison de Vals, d'avoir aujourd'hui une date plus ancienne que celle donnée jusqu'ici sur ce point. Aux *Tablettes historiques de la Haute-Loire*, n° 5, page 169, l'illustre paléographe cite un testament de Guillaume de Chapteuil, daté de 1223,

25 juin. Le testateur y donne à la maison de la Séauve c. solidos et à celle de Clavas IIII. libras.

Quoi qu'il en soit d'une date précise, il semble qu'on peut, sans être téméraire, placer la fondation du monastère vers la fin du douzième siècle. Il est très-probable que les premières religieuses Bernardines qui vinrent habiter la Séauve sortaient de Bellecombe et en étaient comme une colonie. Pour peupler la nouvelle abbaye, les abbés de Mazan ne pouvaient aller chercher loin ce qu'ils avaient tout près, dans le Velay même. Or, la maison de Bellecombe ayant été formée en 1148, il n'est pas présumable qu'elle ait mis un demi-siècle à en former d'autres. Dans ces temps de foi, l'ébranlement se produisait vite et la main était bientôt à l'œuvre. On sera de cet avis, si on sait encore que l'institution des Cisterciennes était, pour cette époque, un vrai besoin social, un besoin urgent.

*
* *

On peut regarder comme certain que les comtes de Forez furent les fondateurs de l'abbaye de la Séauve. L'*Histoire du Languedoc,* tome II, page 432, Arnaud, dans son *Histoire du Velay,* tome Ier, page 158, le disent expressément. Il paraît aussi hors de doute que le fondateur ne put être un des comtes de la première race, puisque cette race s'éteignit vers les premières années du douzième siècle. Il faut le chercher parmi ceux de la seconde. Je désignerais Guy II comme fondateur. Il vivait vers les dernières années du douzième et il se distingua, entre tous, par les nombreux établissements qu'il fonda.

Parmi les bienfaiteurs du monastère il faut compter, surtout, l'illustre famille de Saint-Didier dont j'ai donné la généalogie dans mon opuscule sur Saint-Just-Malmont. Je dirai ailleurs ses largesses aux Bernardines de Séauve-Bénite.

* * *

La dernière abbesse qui gouverna la Séauve fut Mme Laure de Fumel. Je cite ici la notice que je lui ai consacrée dans mon travail sur l'abbaye.

Fumel, baronnie en Quercy dont les seigneurs sont connus dès le treizième siècle. La famille de Fumel occupait un rang distingué parmi la noblesse française. Un de ses membres, Bertrand de Fumel devint vicomte de la Barthe, en 1283, par son mariage avec Brunissende de la Barthe. Un autre, François Ier, baron de la Barthe, fut capitaine des gardes de la Porte, gouverneur de Marienbourg et ambassadeur auprès de Soliman II, empereur ottoman. Il fut massacré, dans son château, par les religionnaires, le 25 novembre 1561.

La baronnie de Fumel fut érigée en vicomté sous Henri IV. Cette érection fut obtenue par Charles, baron de Fumel. Charles était le bisaïeul de l'abbesse de la Séauve.

Celle-ci était fille de Louis, vicomte de Fumel et de Catherine Thomas de Bertier, fille et héritière du premier président de Toulouse. Elevée par une mère éminemment chrétienne, elle suça, pour ainsi dire, la piété avec le lait. Le monde qui se présentait à elle sous la plus belle perspective ne put lui plaire. Elle préféra aux joies, aux plaisirs bruyants du siècle, les charmes plus doux et plus réels du cloître. Ce fut d'abord dans une maison hospitalière du Quercy, de l'ordre de Malte, sous le vocable de Saint-Jean de Jérusalem, qu'elle se voua à Dieu et au service des pauvres. La haute portée de ses vues, sa piété sincère, son zèle à remplir les fonctions qui lui furent imposées, la firent remarquer dans cette première position. Elle ne devait pas y demeurer longtemps.

La Séauve venait de perdre celle sur laquelle on avait fondé de grandes espérances et la réunion projetée ne s'était pas opérée encore. Il fallait à la tête de la maison une personne capable de la faire réussir. Une transformation complète des bâtiments qui composaient le monastère devenait urgente, les constructions tombaient en ruines. Pour une pareille œuvre il était nécessaire d'une supérieure qui fût apte à conduire à bonne fin une entreprise de ce genre. On ne crut pas que Mme de Fumel fût au-dessous de cette double mission.

Nommée par lettres patentes à l'abbaye de la Séauve, le 22 décembre 1765, elle fit profession dans l'ordre de Cîteaux le 24 mai 1766. Ce fut dans la chapelle des Pénitents bleus de Toulouse qu'elle reçut la béndiction abbatiale, le 8 juin suivant, de M. de Fumel, son frère, qui était évêque de Lodève. Le 25 du même mois, elle prenait solennellement possession de son nouveau poste.

Dans l'ordre de Malte, chaque membre en faisant partie était strictement obligé d'en porter les insignes. C'était une croix qui se plaçait sur le costume de règle. Il était expressément défendu de s'en revêtir si l'on quittait l'ordre. Une exception fut faite pour Mme de Fumel, et le 9 juillet 1767, le grand-maître de l'ordre lui accordait, par brevet, le privilége spécial et inconnu jusqu'alors, de continuer à porter la croix.

Le moment était venu de réaliser enfin la réunion du monastère de Clavas à celui de la Séauve. Toutes les enquêtes prescrites avaient eu lieu, toutes les informations avaient été prises. Une dernière mesure était nécessaire. L'union de deux abbayes devait être autorisée par le roi. Elle le fut par lettres patentes du mois de décembre 1767, qui furent dûment enregistrées. Toutes les religieuses de Clavas se transportèrent immédiatement après l'autorisation donnée, à la Séauve qui prit, dès lors, la dénomination de Séauve-Clavas, qui ne disparut que lorsque s'effectua en France la fermeture des couvents.

L'abbaye n'étant plus suffisante pour le personnel et tombant en ruines de vétusté, Mme de Fumel songea enfin à remplacer le monastère par une construction nouvelle et plus en rapport avec les besoins du couvent. L'ancienne maison fut rasée dans son entier. On ne conserva que la chapelle qui devait plus tard tomber elle-même sous le marteau des démolisseurs de 93. Il fallut à Mme de Fumel de quinze à seize ans pour achever son œuvre. Les travaux, commencés en 1770, ne furent terminés qu'en 1786. On est étonné qu'un aussi long espace de temps ait été nécessaire pour une pareille construction. Il serait difficile d'en donner les motifs.

De quelle joie dut être inondé le cœur de toutes les religieuses lorsqu'elles s'installèrent dans leur nouvelle abbaye. Autant elles étaient logées à l'étroit dans l'ancienne maison, autant elles se trouvaient à l'aise dans celle-ci. Autant le monastère écroulé était de modeste apparence, autant celui-ci avait l'air monumental. La joie et le bonheur ne devaient pas durer longtemps. La tempête éclata bien vite, et la maison bâtie avec tant de peines, avec tant de soins, fut forcément désertée par celles qui l'habitaient et tomba entre les mains de l'Etat comme propriété nationale. Les religieuses résistèrent pendant trois ans à l'orage. La séparation n'eut lieu que vers 1792.

Note B.

Les auteurs sont loin d'être d'accord sur l'origine des monastères de Bernardines ou Cisterciennes. Les uns, comme Britto, Barnabé de Montalvo, Henriquez et plusieurs autres, attribuent à sainte Humbeline, sœur de saint Bernard, la gloire d'avoir été leur fondatrice. D'autres regardent saint Bernard lui-même comme fondateur. Dom Le Noir, dans son *Histoire de l'ordre de Cîteaux,* Baillet, le Père Philippe Bonnanni, dans son *Catalogue des Ordres religieux,* sont de ce sentiment. Hélyot prétend que les Cisterciennes n'ont été instituées ni par saint Bernard, ni par sainte Humbeline, mais bien par saint Etienne, troisième abbé de Cîteaux.

D'après le Père Hélyot, le premier monastère de filles de cet ordre fut fondé en 1120, à Tart, dans le diocèse de Langres. Il paraît que les chapitres généraux s'y tenaient et que l'abbesse de Tart avait droit de visite dans les autres monastères. Ce couvent fut transféré à Dijon, en 1623, par suite des ravages qu'y faisaient à cette époque les partisans francs-comtois

Parmi ceux qui furent fondés après, on compte, entre autres, celui de Bellecombe, en Velay, vers 1140. Ceux de la Séauve et de Clavas ne commencèrent que vers la fin de ce siècle.

Le plus célèbre de tous les monastères de cet ordre fut, sans contredit, celui de Sainte-Marie-la-Royale, près de Burgos, en Espagne, communément appelé *las Huelgas de Burgos.* Il fut célèbre tant par la magnificence de ses bâtiments et des biens qu'il posséda, que par l'étendue de la juridiction spirituelle qu'eut son abbesse, non-seulement sur douze autres monastères de son ordre qui lui étaient soumis, mais encore sur les frères Hospitaliers de Burgos et sur un grand nombre de chanoines, curés, chapelains et autres personnes. Ce couvent ayant été bâti par Alphonse VIII, roi de Castille, l'an 1187, il le donna aux religieuses de Cîteaux. Plusieurs filles de rois et de princes y devinrent religieuses.

Il se passa dans cette abbaye une chose vraiment étonnante, et qu'on ne croirait pas si elle n'était rapportée par des auteurs dignes de foi. Par son étrangeté, elle mérite d'être citée. La grande autorité qu'on avait donné à l'abbesse de *las Huelguas*, lui fit croire qu'elle avait les mêmes pouvoirs que les abbés, et que tout ce qui leur était permis lui était permis ; elle eut même la témérité de vouloir entreprendre sur les fonctions du sacerdoce, car, en 1210, elle prit sur elle de bénir les novices, d'expliquer l'Evangile et de monter en chaire pour prêcher ; elle alla jusqu'à entendre les confessions des religieuses qui lui étaient soumises. Il ne fallut rien moins que l'autorité et l'intervention d'Innocent III pour réprimer ce désordre qui était tacitement approuvé par le roi de Castille, dont la fille était pour lors abbesse du monastère.

Les monastères soit d'hommes, soit de femmes, formaient divers groupes distincts. Chaque groupe formait une filiation. Tous les couvents fondés par un autre étaient de sa filiation, c'est-à-dire de sa dépendance. Il était expressément défendu de construire un monastère de femmes, à moins que ce ne fût à six lieues de tout monastère d'hommes. Les abbés des maisons qui en avaient formé d'autres, s'appelaient *Frères immédiats* et avaient la visite des abbayes de sa filiation.

Nous verrons plus tard que la Séauve, Bellecombe et Clavas étaient sous la dépendance de celui de Mazan, en Vivarais.

Si l'on veut ajouter foi aux historiens de l'ordre de Cîteaux, il y aurait eu, à un moment, six mille monastères de Cisterciennes.

L'habillement des Bernardines consistait en une tunique ou robe blanche, un scapulaire noir et une ceinture de même couleur. Au chœur, la plupart portaient des coules et d'autres seulement des manteaux. Les sœurs converses étaient habillées de couleur tannée. Les novices étaient revêtues d'un habit blanc. Helyot, dans son ouvrage sur les ordres religieux, donne plusieurs estampes représentant les habits ordinaires des religieuses, des novices et converses, de même que les habits de chœur des unes et des autres.

Dans chaque abbaye, la première dignitaire était l'abbesse. Venait ensuite la prieure claustrale. Celle-ci remplissait les fonctions de vicaire de l'abbesse et la suppléait en tout en cas de maladie ou d'absence.

Le principal exercice religieux des abbayes cisterciennes était le chant de l'office divin. Les Bernardines chantaient, au chœur, toutes les heures de l'office canonial. Chaque heure était précédée de l'heure correspondante du petit office de la sainte Vierge et, aux jours de férie, on ajoutait à ces deux offices l'office des morts.

Note C.

Voici, en substance, le testament de Guiote de Saint-Didier. Je dois cet extrait à l'obligeance de M. Dupeloux de Saint-Romain qui a eu la bonne idée de mettre en ordre dans ses archives les nombreux titres qu'il possède et qui se fait toujours un vrai plaisir de les communiquer.

Guiote de Saint-Didier était fille d'Alexandre et d'Agnès du Chayla, mariée en premières noces au seigneur de Girys et, en secondes noces, à messire Odibier, seigneur de Châteauneuf et de Saint-Quentin; 1373.

Dans son acte de dernière volonté, elle élit sa sépulture au monastère de la Séauve, auquel elle donne cinquante florins pour la célébration de quatre anniversaires perpétuels en ladite église de la Séauve, chaque année, l'un à la Conception de Notre-Dame, le second au même jour que son corps sera mis en sépulture, le troisième à la fête de la Purification de Notre-Dame et le quatrième le lendemain de la fête de *sainte Marguerite, vierge*.

Elle veut qu'un drap, jusqu'à la valeur de huit florins, soit étendu sur son corps et donné ensuite pour une chasuble, à l'église de Mascheville.

Si son héritière universelle, Tiburge de Saint-Didier, sa petite-nièce, fille de Pierre de Saint-Didier, dit Testard, son neveu, vient à mourir sans enfants, elle lui substitue le monastère de la Séauve.

Elle ordonne que son héritière universelle institue un prébendier pour le service de la chapelle de Saint-Didier, en l'église de la Séauve. Pour la dotatation de cette chapelle, elle fait don de cinquante florins d'or, pour une fois, pour être acquis rentes et pensions pour ladite chapelle. Elle entend que la collation de ce bénéfice appartienne à son héritière et à ses hoirs et à ses successeurs.

Elle donne encore audit monastère un calice d'argent pour servir à la chapelle de Notre-Dame.

Note D.

On ne lira pas sans plaisir un extrait de l'œuvre de M. de Chabron, d'autant plus qu'il contient, en quelques vers, ce que la tradition rapporte de Marguerite. On peut admettre, sans inconvénient, tout ce qu'y dit le poète, à l'exception, toutefois, de l'origine qu'il lui donne.

Plus haut voilà la Séauve et son vaste couvent,
. . . .
Jadis, en ce couvent, vivait Sœur Marguerite,
Fille des bords lointains que le Hongrois habite ;
Quoique *de sa famille on ignore le nom*,
On la disait pourtant de puissante maison ;
Exemple de sagesse à toutes ses compagnes,
Quand le démon jaloux put trouver le moyen
De souffler, en ces lieux, son perfide venin :
Il excita contre elle une vaste cabale :
On l'accusa d'avoir et la lèpre et la gale ;
Il fit si bien qu'un jour les dames du couvent
Chassèrent sans pitié la malheureuse enfant ;
Mais le ciel irrité d'une telle conduite
Se réservait le soin de venger Marguerite.
Le tonnerre gronda ; soudain un ouragan,
Tel qu'Eole jamais n'en porta dans son flanc,
Fondit, si furieux, sur ce vieux monastère,
Qu'on crut voir ses hauts murs s'engloutir sous la terre
Cependant Marguerite, en proie à sa douleur,
A quelques pas de là, déplorait son malheur.
De la nuit assombrie une ardente auréole
Descendit sur sa tête, ainsi qu'une coupole

Aux reflets argentés. La céleste lueur
Attestait de son Dieu l'éclatante faveur.
Pour étancher sa soif et consoler sa peine,
Elle s'assit, tremblante, auprès d'une fontaine.
Mais l'heure a fui ; le jour commençant à baisser,
Elle eut peur ; où pouvoir enfin se reposer !
Tout au fond des grands bois, au bout d'une clairière,
Elle aperçut de loin une faible lumière ;
Elle y tourna ses pas ; une porte s'ouvrit,
Et le bon paysan tout joyeux l'accueillit.
Sa présence enrichit cette pauvre famille ;
Tout prospéra du jour où la pieuse fille
S'occupa de la ferme et lui donna ses soins ;
Le fermier vit doubler ses gerbes et ses foins.
De la Sainte on vanta les cures merveilleuses.
Aussi lorsque l'abbesse entendit raconter
Tout le bien que la Sœur ne cessait d'opérer,
Elle avoua sa faute et rappela bien vite
Celle d'où sa maison prit le nom de Bénite.
Tout près de ce couvent et sur le bord d'un bois,
Murmure une fontaine où l'on voit une croix.
Là, du ciel elle avait imploré l'assistance.
Les eaux de cette source ont gardé la puissance
De guérir bien des maux. Voilà pourquoi son nom
Reste dans le pays en vénération ;
La mère met sa fille encore toute petite,
Sous la protection de sainte Marguerite.
Mais pourquoi, diras-tu, si longtemps s'arrêter
À ces quelques détails ? Mieux vaudrait se hâter.
Peut-être, ami, peut-être, encore une légende ;
Ce sera ma réponse à ta brusque demande.
Durant son triste exil, cette fille, parfois,
Parcourait, solitaire, et les champs et les bois.
Or, un jour, Dieu voulut que, s'étant égarée
Non loin de la maison que, dans cette contrée,
Habitaient nos ayeux, elle vint au manoir,
Demander un abri (car c'était vers le soir).

Et cette même nuit la dame châtelaine,
Prise du mal d'enfant, endura grande peine,
Et le seigneur du Betz, tout tremblant de frayeur,
Se hâta d'implorer les bons soins de la Sœur.
Mais la Sainte veillait et priait en silence ;
Ne craignez rien, dit-elle, en juste récompense
De votre charité pour les pauvres de Dieu,
Le ciel vient d'accorder grande grâce à ce lieu ;
L'enfant est maintenant dans les bras de sa mère ;
Dieu l'a dit : désormais heureux sera le père
Qui, dans cette famille ou dans cette maison
Choisira son épouse. Et voilà la raison
(Elle a, tu le vois bien, pour nous quelque mérite)
Qui m'a fait longuement parler de Marguerite.

TABLE DES MATIÈRES

Le Puy, typ. et lith. M.-P. Marchessou.

www.ingramcontent.com/pod-product-compliance
Ingram Content Group UK Ltd.
Pitfield, Milton Keynes, MK11 3LW, UK
UKHW012047240726
13965UKWH00003B/1115